Smaker från Medelhavet 2023

En kulinarisk resa genom soliga länder

Anna Johansson

Briefing

Medelhavspita 9
Deviled Egg med Hummus 11
Bovetemuffins med äpplen och russin 13
Muffins av pumpakli 15
Bovete kärnmjölkspannkakor 17
French toast med mandel och persikokompott 17
Rött bär havregryn med söt vaniljkräm 19
Choklad och jordgubbscrepe 21
Sparris och baconquiche 23
Äppelcheesecakes 25
Bacon och ägg 27
Apelsin-tranbärsmuffins 29
14. Bakad ingefära havregryn med päron topping 30
Vegetarisk omelett i grekisk stil 31
Sommar smoothie 33
Bacon och ägg pitabröd 34
Couscous till frukost 36
Persikosallad till frukost 38
Saltad havre 39
Tahini och äppeltoast 40
Basilika äggröra 41
Grekisk potatis och ägg 42
Smoothie med avokado och honung 44
Omelett med grönsaker 45

Mini salladsrullar 47
Apple Cous Cous Med Curry 48
Lamm och grönsaker 49
Jag tröstar med örter 51
Blomkålsquinoa 52
Mango Päron Smoothie 53
spenat omelett 54
Pannkakor med mandel 56
Fruktsallad med quinoa 58
Strawberry Rabarber Smoothie 59
Korngröt 60
Pepparkakspumpa Smoothie 61
Grön juice 61
Smoothie med nötter och dadlar 63
Frukt milkshake 64
Choklad Banan Smoothie 65
Yoghurt med blåbär, honung och mynta 66
Parfait med bär och yoghurt 67
Havregrynsgröt med bär och solrosfrön 68
Snabb mandel och lönnöt 69
Banan Havregryn 71
Frukostmacka 72
Frukost couscous 74
Smoothie med avokado och äpple 76
Mini omelett 77
Soltorkad tomat havregryn 79
Ägg i avokado 80

Egg Brekky- Potatis Hash 82

Tomatsoppa och basilika 84

Pumpa hummus 86

Baconmuffins 87

Skriftlig sallad 88

Blåbär och dadlar 89

Omelett med linser och cheddar 89

Tonfisksmörgås 92

Skriftlig sallad 93

Sallad med kikärter och zucchini 95

Sallad med provensalska kronärtskockor 97

Bulgarisk sallad 99

Falafel salladsskål 101

Lätt grekisk sallad 103

Ruccolasallad med fikon och valnötter 105

Blomkålssallad med tahinivinägrett 107

Medelhavspotatissallad 109

Quinoa och pistaschsallad 111

Gurka kycklingsallad med kryddig jordnötsdressing 113

Grönsaks paella 114

Gryta med aubergine och ris 116

grönsakscouscous 119

Kusin 122

Bulgur med tomater och kikärter 125

Makrillpasta 127

Pasta med körsbärstomater och ansjovis 129

Risotto med citron och räkor 131

Spaghetti med musslor 133

Grekisk soppa med fisk 135

Venus ris med räkor 137

Pennette Salmon och Vodka 139

Carbonara med skaldjur 141

Zucchini Garganelli och Räkpesto 142

Laxris 146

Pasta med körsbärstomater och ansjovis 148

Orecchiette Broccoli och Korv 150

Radicchio Risotto och rökt bacon 152

Pasta Alla Genovese 154

Napolitansk blomkålspasta 157

Pasta och bönor, apelsin och fänkål 159

Spaghetti med citron 161

Kryddad grönsakscouscous 162

Bakat ris med dillkryddor 164

Marockansk couscous med kikärter 166

Vegetarisk paella med gröna bönor och kikärter 168

Vitlöksräkor med tomater och basilika 170

Räkpaella 172

Linssallad med oliver, mynta och fetaost 174

Kikärter med vitlök och persilja 176

Kokta kikärtor med aubergine och tomater 178

Grekiskt ris med citron 180

Ris med aromatiska örter 182

Medelhavsrissallad 184

Sallad med bönor och färsk tonfisk 186

Läcker kycklingpasta 188

Medelhavstacos 190

Läcker mac och ost 192

Ris med gurka oliver 194

Risotto med aromatiska örter 196

Läcker Primavera pasta 198

Pasta med rostad paprika 200

Tomatris med ostbasilika 202

Pasta med tonfisk 204

Blandade smörgåsar med avokado och kalkon 206

Kyckling med gurka och mango 208

Fattoush - bröd från Mellanöstern 210

Glutenfri vitlök och tomat focaccia 212

Grillad svampburgare 214

Medelhavet Baba Ghanoush 216

Medelhavspita

Förberedelsetid: 22 minuter

TILLAGNINGSTID: 3 minuter

Tjänster: 2

Svårighetsgrad: lätt

Ingredienser:

- 1/4 kopp söt röd paprika
- 1/4 kopp hackad lök
- 1 kopp äggersättning
- 1/8 tsk salt
- 1/8 tsk peppar
- 1 tomat i små bitar
- 1/2 kopp hackad färsk babyspenat
- 1-1/2 tsk hackad färsk basilika
- 2 hela pajer
- 2 msk smulad fetaost

Indikationer:

Belägg en liten non-stick panna med matlagningsspray. Placera lök och chilipeppar i 3 minuter på medelvärme. Tillsätt äggersättningen och smaka av med salt och peppar. Rör om tills det stelnar. Rör ner hackad spenat, hackade tomater och hackad basilika. Häll över focaccia. Blanda toppen av grönsakerna med din äggblandning. Toppa med smulad fetaost och servera genast.

Näring (per 100 g): 267 kalorier 3 g fett 41 g kolhydrater 20 g protein 643 mg natrium

Deviled Egg med Hummus

Förberedelsetid: 10 minuter
TILLAGNINGSTID: 0 minuter
Portioner: 6
Svårighetsgrad: lätt

Ingredienser:

- 1/4 kopp tärnad gurka
- 1/4 kopp tunt skivade tomater
- 2 teskedar färsk citronsaft
- 1/8 tsk salt
- 6 skalade hårdkokta ägg, halverade på längden
- 1/3 kopp hummusbakad hummus eller någon smak av hummus
- Färsk hackad persilja (valfritt)

Indikationer:

Tillsätt tomater, citronsaft, gurka och salt och blanda sedan försiktigt. Ta bort äggulorna från de halverade äggen och spara dem för senare användning. Ös en tesked hummus på varje ägghalva. Toppa med persilja och en halv tesked tomat- och gurkblandning. Servera omedelbart

Näring (per 100 g): 40 kalorier 1 g fett 3 g kolhydrater 4 g

Äggröra med rökt lax

Förberedelsetid: 2 minuter

TILLAGNINGSTID: 8 minuter

Portioner: 4

Svårighetsgrad: medel

Ingredienser:

- 16 uns äggersättning, kolesterolfri
- 1/8 tsk svartpeppar
- 2 matskedar skivad salladslök, behåll topparna
- 1 uns kall färskost med låg fetthalt, skuren i 1/4-tums kuber
- 2 uns rökta laxflingor

Indikationer:

Skär den kylda färskosten i ¼ tums tärningar och ställ åt sidan. Vispa äggersättning och peppar i en stor skål. Belägg en non-stick panna med matlagningsspray på medelvärme. Häll i äggersättningen och koka i 5-7 minuter eller tills den börjar stelna, rör om då och då och skrapa botten av pannan.

Vänd ner färskost, salladslök och lax. Fortsätt koka och rör om i ytterligare 3 minuter eller bara tills äggen fortfarande är mjuka men genomkokta.

Näring (per 100 g): 100 kalorier 3 g fett 2 g kolhydrater 15 g protein 772 mg natrium

Bovetemuffins med äpplen och russin

Förberedelsetid: 24 minuter

TILLAGNINGSTID: 20 minuter

Portioner: 12

Svårighetsgrad: medel

Ingredienser:

- 1 kopp universalmjöl
- 3/4 kopp bovetemjöl
- 2 skedar farinsocker
- 1 och en halv tesked bakpulver
- 1/4 tsk bakpulver
- 3/4 kopp fettfattig kärnmjölk
- 2 matskedar olivolja
- 1 stort ägg
- 1 dl färska äpplen, tärnade, skalade och urkärnade
- 1/4 kopp russin

Indikationer:

Värm ugnen till 375 grader F. Klä en 12-kopps muffinsform med nonstick-spray eller pappersmuggar. Att lägga åt sidan. Blanda alla torra ingredienser i en skål. Att lägga åt sidan.

Vispa de flytande ingredienserna till en jämn smet. Överför den flytande blandningen till mjölblandningen och blanda tills den är fuktad. Rör ner de tärnade äpplena och russinen. Fyll varje muffinskopp till cirka 2/3 av blandningen. Koka tills den är gyllenbrun. Använd tandpetartestet. Att tjäna.

Näring (per 100 g): 117 kalorier 1 g fett 19 g kolhydrater 3 g protein 683 mg natrium

Muffins av pumpakli

Förberedelsetid: 20 minuter

TILLAGNINGSTID: 20 minuter

Portioner: 22

Svårighetsgrad: medel

Ingredienser:

- 3/4 kopp universalmjöl
- 3/4 kopp fullkornsmjöl
- 2 skedar socker
- 1 matsked bakpulver
- 1/8 tsk salt
- 1 tsk pumpapajkrydda
- 2 koppar flingor med 100 % kli
- 1 och en halv kopp skummjölk
- 2 äggvitor
- 15 oz x 1 burk pumpa
- 2 matskedar avokadoolja

Indikationer:

Värm ugnen till 400 grader Fahrenheit. Förbered en muffinspanna som är tillräckligt stor för 22 muffins och täck med nonstick-spray. Blanda de fyra första ingredienserna tills de blandas. Att lägga åt sidan.

Använd en stor skål, blanda mjölken och spannmålskliet och låt stå i 2 minuter eller tills flingorna mjuknat. Tillsätt oljan, äggvitan och pumpan i kliblandningen och blanda väl. Tillsätt mjölblandningen och blanda väl.

Fördela smeten jämnt i muffinsformen. Grädda i 20 minuter. Ta ut muffinsen från pannan och servera varma eller kalla.

Näring (per 100 g): 70 kalorier 3 g fett 14 g kolhydrater 3 g protein 484 mg natrium

Bovete kärnmjölkspannkakor

Förberedelsetid: 2 minuter
TILLAGNINGSTID: 18 minuter
Portioner: 9
Svårighetsgrad: lätt

Ingredienser:

- 1/2 kopp bovetemjöl
- 1/2 kopp universalmjöl
- 2 teskedar bakpulver
- 1 tsk farinsocker
- 2 matskedar olivolja
- 2 stora ägg
- 1 kopp fettfattig kärnmjölk

Indikationer:

Lägg de fyra första ingredienserna i en skål. Tillsätt oljan, kärnmjölken och äggen och blanda till en slät smet. Placera stekpannan på medelvärme och spraya med nonstick-spray. Häll ¼ kopp av smeten i pannan och stek i 1-2 minuter på ena sidan eller tills den är gyllenbrun. Servera omedelbart.

Näring (per 100 g): 108 kalorier 3 g fett 12 g kolhydrater 4 g protein 556 mg natrium

French toast med mandel och persikokompott

Förberedelsetid: 10 minuter

TILLAGNINGSTID: 15 minuter

Portioner: 4

Svårighetsgrad: lätt

Ingredienser:

- <u>Består av:</u>
- 3 skedar sockerersättning, baserad på sukralos
- 1/3 kopp + 2 msk vatten, uppdelat
- 1 1/2 koppar skalade eller frysta persikor, tinade och avrunna, skivade
- 2 msk persikor, inget socker tillsatt
- 1/4 tsk mald kanel
- <u>Fransk mandeltoast</u>
- 1/4 kopp lättmjölk (skummad)
- 3 skedar sockerersättning, baserad på sukralos
- 2 hela ägg
- 2 äggvitor
- 1/2 tsk mandelextrakt
- 1/8 tsk salt
- 4 skivor flerkornsbröd
- 1/3 kopp skivad mandel

Indikationer:

För att göra kompott, lös 3 matskedar sukralos i 1/3 kopp vatten i en medelstor kastrull på medelhög värme. Tillsätt persikorna och låt koka upp. Sänk värmen till medel och fortsätt att koka utan lock i ytterligare 5 minuter eller tills persikorna är mjuka.

Tillsätt det återstående vattnet och fruktspridningen, tillsätt sedan persikorna i grytan. Koka ytterligare en minut eller tills sirapen tjocknar. Ta bort från värmen och tillsätt kanel. Täck för att hålla värmen.

Att göra franska toast. Kombinera mjölken och sukralosen i en stor djup skål och rör om tills det är helt upplöst. Tillsätt äggvita, ägg, mandelextrakt och salt. Doppa båda sidorna av brödskivorna i äggblandningen i 3 minuter eller tills de är helt genomblöta. Strö på båda sidor med strimlad mandel och tryck till ordentligt för att fästa.

Belägg en non-stick panna med matlagningsspray och ställ över medelhög värme. Stek brödskivorna i 2 till 3 minuter på varje sida eller tills de fått lite färg. Servera toppad med persikokompott.

Näring (per 100 g): 277 kalorier 7 g fett 31 g kolhydrater 12 g protein 665 mg natrium

Rött bär havregryn med söt vaniljkräm

Förberedelsetid: 5 minuter
TILLAGNINGSTID: Fem minuter
Portioner: 4
Svårighetsgrad: lätt

Ingredienser:

- 2 glas vatten
- 1 kopp snabblagad havre
- 1 msk sukralosbaserad sockerersättning
- 1/2 tsk mald kanel
- 1/8 tsk salt
- Grädde
- 3/4 kopp fettfri halv-och-halva
- 3 matskedar sukralosbaserad sockerersättning
- 1/2 tsk vaniljextrakt
- 1/2 tsk mandelextrakt
- krydda
- 1 1/2 dl färska blåbär
- 1/2 kopp färska eller frysta och tinade hallon

Indikationer:

Koka upp vattnet på hög värme och rör ner havren. Sänk värmen till medel medan du kokar havregryn, utan lock, i 2 minuter eller tills den tjocknar. Ta av från värmen och rör ner sockerersättningen, salt och kanel. I en medelstor skål, kombinera alla ingredienserna till grädden tills de är väl blandade. Dela den kokta havren i 4 lika delar och häll den söta grädden ovanpå. Strö över bär och servera.

Näring (per 100 g): 150 kalorier 5 g fett 30 g kolhydrater 5 g protein 807 mg natrium

Choklad och jordgubbscrepe

Förberedelsetid: 5 minuter
TILLAGNINGSTID: 10 minuter
Portioner: 4
Svårighetsgrad: lätt

Ingredienser:

- 1 kopp mjukt vetemjöl
- 2/3 kopp lättmjölk (1%)
- 2 äggvitor
- 1 ägg
- 3 matskedar socker
- 3 skedar sockerfritt kakaopulver
- 1 msk kylt smält smör
- 1/2 tsk salt
- 2 tsk rapsolja
- 3 matskedar jordgubbar
- 3 1/2 koppar tinade eller färska skivade jordgubbar
- 1/2 kopp smält fettfri fryst topping
- Färska myntablad (om så önskas)

Indikationer:

Blanda de första åtta ingredienserna i en stor skål tills den är slät och väl blandad.

Värm ¼ tesked olja i en liten nonstick-panna på medelvärme. Häll ¼ kopp smet i mitten och häll över pannan med smet.

Grädda i en minut eller tills crepen är mörk och kanterna är torra. Vänd och koka i en halv minut till. Upprepa processen med den återstående blandningen och oljan.

Skopa ¼ kopp av de smälta jordgubbarna i mitten av crepen och trampa tills fyllningen är täckt. Toppa med 2 msk vispad grädde och garnera med mynta innan servering.

Näring (per 100 g): 334 kalorier 5 g fett 58 g kolhydrater 10 g protein 678 mg natrium

Sparris och baconquiche

Förberedelsetid: 5 minuter
TILLAGNINGSTID: 42 minuter
Portioner: 6
Svårighetsgrad: lätt

Ingredienser:

- 2 1/2-tums koppar skivad sparris
- 1 krossad röd paprika
- 1 kopp lättmjölk (1%)
- 2 matskedar mjukt vetemjöl
- 4 äggvitor
- 1 helt ägg
- 1 kopp kokt rivet bacon
- 2 msk hackad dragon eller färsk basilika
- 1/2 tsk salt (valfritt)
- 1/4 tsk svartpeppar
- 1/2 kopp schweizisk ost, fint riven

Indikationer:

Värm ugnen till 350 grader F. Mikrovågsugn peppar och sparris i en matsked vatten på HÖG i 2 minuter. Töm den. Vispa i mjöl och mjölk och tillsätt sedan ägg och äggvita tills det är väl blandat. Inkludera andra grönsaker och ingredienser än ost.

Häll i en 9-tums kakform och grädda i 35 minuter. Strö osten över quichen och grädda i ytterligare 5 minuter eller tills osten smält. Låt den svalna i 5 minuter och dela den sedan i 6 delar för servering.

Näring (per 100 g): 138 kalorier 1 g fett 8 g kolhydrater 13 g protein 588 mg natrium

Äppelcheesecakes

Förberedelsetid: 20 minuter
TILLAGNINGSTID: 15 minuter
Portioner: 10
Svårighetsgrad: medel

Ingredienser:

- 1 kopp universalmjöl
- 1 dl fullkorn, vitt mjöl
- 3 matskedar socker
- 1 och en halv tesked bakpulver
- 1/2 tsk salt
- 1/2 tsk mald kanel
- 1/4 tsk bakpulver
- 1 Granny Smith äpple i tärningar
- 1/2 kopp strimlad cheddarost
- 1/3 kopp äppelmos, naturlig eller osötad
- 1/4 kopp mjölk, fettfri (skummad)
- 3 matskedar smält smör
- 1 ägg

Indikationer:

Förbered ugnen till 425 grader F. Förbered pannan genom att fodra med bakplåtspapper. Blanda alla torra ingredienser i en skål och blanda. Vänd ner osten och äpplet. Att lägga åt sidan. Blanda alla våta ingredienser. Häll över den torra blandningen tills den blandas och blir en kladdig deg.

Knåda degen på mjölat bakbord ca 5 gånger. Böj och förläng sedan till en 8-tums cirkel. Skär i 10 diagonala snitt.

Lägg på plåt och spraya med matlagningsspray. Koka i 15 minuter eller tills de fått lite färg. Att tjäna.

Näring (per 100 g): 169 kalorier 2 g fett 26 g kolhydrater 5 g protein 689 mg natrium

Bacon och ägg

Förberedelsetid: 15 minuter
TILLAGNINGSTID: 15 minuter
Portioner: 4
Svårighetsgrad: lätt

Ingredienser:

- 1 dl äggersättning, kolesterolfri
- 1/4 kopp parmesan, strimlad
- 2 skivor kanadensisk skinka, tärnad
- 1/2 tsk röd chilisås
- 1/4 tsk svartpeppar
- 4 x 7-tums helmjölstortillas
- 1 dl babyspenatblad

Indikationer:

Värm ugnen till 325 grader F. Kombinera de första fem ingredienserna för att göra fyllning. Häll blandningen i en 9-tums glasskål sprayad med matlagningsspray med smörsmak.

Koka i 15 minuter eller tills äggen stelnat. Ta bort från ugnen. Sätt in tortillorna i ugnen i en minut. Dela massan av bakade ägg i fyra. Placera en fjärdedel i mitten av varje tortilla och garnera med ¼ kopp spenat. Vik tortillan från botten till mitten och sedan från båda sidor till mitten för att försegla. Servera omedelbart.

Näring (per 100 g): 195 kalorier 3 g fett 20 g kolhydrater 15 g protein 688 mg natrium

Apelsin-tranbärsmuffins

Förberedelsetid: 10 minuter
TILLAGNINGSTID: 10-25 minuter
Portioner: 12
Svårighetsgrad: medel

Ingredienser:

- 1 3/4 koppar universalmjöl
- 1/3 kopp socker
- 2 och en halv skedar bakpulver
- 1/2 tesked bakpulver
- 1/2 tsk salt
- 1/2 tsk mald kanel
- 3/4 kopp mjölk, fettfri (skummad)
- 1/4 kopp smör
- 1 stort ägg, lätt uppvispat
- 3 matskedar smält apelsinjuicekoncentrat
- 1 tsk vanilj
- 3/4 kopp färska blåbär

Indikationer:

Värm ugnen till 400 grader F. Följ steg 2 till 5 i Bovete-, äpple- och russinmuffins Fyll muffinsformarna ¾ fulla med blandningen och grädda i 20-25 minuter. Låt svalna i 5 minuter och servera varm.

Näring (per 100 g):149 kalorier 5 g fett 24 g kolhydrater 3 g protein 518 mg natrium

14. Bakad ingefära havregryn med päron topping

Förberedelsetid: 10 minuter
TILLAGNINGSTID: 15 minuter
Tjänster: 2
Svårighetsgrad: lätt

Ingredienser:

- 1 kopp gammaldags havregryn
- 3/4 kopp mjölk, fettfri (skummad)
- 1 äggvita
- 1 1/2 tsk färsk riven ingefära eller 3/4 tsk mald ingefära
- 2 msk farinsocker, delat
- 1/2 moget päron, tärnat

Indikationer:

Spraya 2 6-ounce pannor med nonstick matlagningsspray. Värm ugnen till 350 grader F. Kombinera de första fyra ingredienserna och en matsked socker och blanda sedan väl. Häll jämnt mellan 2 burkar. Toppa med päronskivor och resterande sked socker. Grädda i 15 minuter. Servera varm.

Näring (per 100 g):268 kalorier 5 g fett 2 g kolhydrater 10 g protein 779 mg natrium

Vegetarisk omelett i grekisk stil

Förberedelsetid: 10 minuter
TILLAGNINGSTID: 20 minuter
Tjänster: 2
Svårighetsgrad: lätt

Ingredienser:

- 4 stora ägg
- 2 matskedar fettfri mjölk
- 1/8 tsk salt
- 3 tsk olivolja, uppdelad
- 2 koppar baby Portobello, skivad
- 1/4 kopp finhackad lök
- 1 dl färsk babyspenat
- 3 msk fetaost, smulad
- 2 matskedar mogna oliver, skivade
- Nymalen peppar

Indikationer:

Vispa ihop de tre första ingredienserna. Värm 2 matskedar olja i en nonstick-panna på medelhög värme. Fräs lök och svamp i 5-6 minuter eller tills de är gyllenbruna. Rör ner spenaten och koka upp. Ta bort blandningen från pannan.

Använd samma stekpanna och värm den återstående oljan på medelhög värme. Häll i äggblandningen och när den börjar stelna, tryck kanterna mot mitten för att låta den råa blandningen rinna. När äggen stelnat, riv grönsaksblandningen på ena sidan. Strö över oliverna och fetaosten och vik sedan över den andra sidan för att täta. Skär i hälften och strö över peppar till servering.

Näring (per 100 g): 271 kalorier 2 g fett 7 g kolhydrater 18 g protein 648 mg natrium

Sommar smoothie

Förberedelsetid: 8 minuter

TILLAGNINGSTID: 0 minuter

Tjänster: 2

Svårighetsgrad: lätt

Ingredienser:

- 1/2 banan skalad
- 2 dl jordgubbar, halverade
- 3 msk mynta, hackad
- 1 1/2 dl kokosvatten
- 1/2 avokado, urkärnad och skalad
- 1 dadel, hackad
- Isbitar efter behov

Indikationer:

Blanda allt i en mixer och mixa tills det är slätt. Tillsätt isbitar för att tjockna och servera kallt.

Näring (per 100 g): 360 kalorier 12 g fett 5 g kolhydrater 31 g protein 737 mg natrium

Bacon och ägg pitabröd

Förberedelsetid: 5 minuter

TILLAGNINGSTID: 15 minuter

Portioner: 4

Svårighetsgrad: lätt

Ingredienser:

- 6 ägg
- 2 lökar, hackade
- 1 tsk olivolja
- 1/3 kopp rökt bacon, hackat
- 1/3 kopp söt grön paprika, hackad
- 1/4 kopp brieost
- Havssalt och svartpeppar efter smak
- 4 salladsblad
- 2 Pitabröd, fullkornsmjöl

Indikationer:

Hetta upp olivoljan i en kastrull på medelvärme. Tillsätt löken och grön paprika och koka i fem minuter, rör om ofta.

Ta en skål och vispa äggen, strö över dem med salt och peppar. Se till att äggen är väl uppvispade. Lägg äggen i pannan och tillsätt sedan bacon och ost. Rör om väl och koka tills blandningen tjocknar. Dela bullarna på mitten och öppna fickorna. Fördela en tesked senap i varje ficka och lägg till ett salladsblad till varje. Bred ut äggblandningen på varje och servera.

Näring (per 100 g): 610 kalorier 21 g fett 10 g kolhydrater 41 g protein 807 mg natrium

Couscous till frukost

Förberedelsetid: 5 minuter

TILLAGNINGSTID: 15 minuter

Portioner: 4

Svårighetsgrad: medel

Ingredienser:

- 3 koppar mjölk, låg fetthalt
- 1 kanelstång
- 1/2 kopp aprikoser, torkade och hackade
- 1/4 kopp russin, torkade
- 1 kopp couscous, rå
- En nypa fint havssalt
- 4 tsk smör, smält
- 6 teskedar farinsocker

Indikationer:

Hetta upp en kastrull med mjölk och kanel på medelhög värme. Koka i tre minuter innan du tar kastrullen från värmen.

Tillsätt aprikoser, couscous, salt, russin och socker. Blanda väl och täck sedan över. Ställ åt sidan och låt vila i femton minuter.

Släng kanelstången och dela mellan skålarna. Strö över farinsocker innan servering.

Näring (per 100 g): 520 kalorier 28 g fett 10 g kolhydrater 39 g protein 619 mg natrium

Persikosallad till frukost

Förberedelsetid: 10 minuter

TILLAGNINGSTID: 0 minuter

Tjänster: 1

Svårighetsgrad: lätt

Ingredienser:

- 1/4 kopp valnötter, hackade och rostade
- 1 tesked rå honung
- 1 persika, urkärnad och skivad
- 1/2 dl keso, fettfri och i rumstemperatur
- 1 tsk mynta, färsk och hackad
- 1 citron, skal

Indikationer:

Häll ricottan i en skål och garnera med persikoskivor och valnötter. Krydda med honung och garnera med mynta.

Strö över citronskal innan servering direkt.

Näring (per 100 g): 280 kalorier 11 g fett 19 g kolhydrater 39 g protein 527 mg natrium

Saltad havre

Förberedelsetid: 10 minuter
TILLAGNINGSTID: 10 minuter
Tjänster: 2
Svårighetsgrad: lätt

Ingredienser:

- 1/2 kopp stålskuren havre
- 1 glas vatten
- 1 stor och hackad tomat
- 1 skivad gurka
- 1 matsked olivolja
- Havssalt och svartpeppar efter smak
- Plattbladig persilja, hackad till garnering
- Parmesan, låg fetthalt och nyriven

Indikationer:

Koka upp havren och en kopp vatten i en kastrull på hög värme. Rör om ofta tills vattnet är helt absorberat, vilket tar cirka femton minuter. Dela mellan två skålar och tillsätt tomater och gurka. Pensla den med olivolja och garnera med parmesan. Garnera med persilja innan servering.

Näring (per 100 g): 408 kalorier 13 g fett 10 g kolhydrater 28 g protein 825 mg natrium

Tahini och äppeltoast

Förberedelsetid: 15 minuter

TILLAGNINGSTID: 0 minuter

Tjänster: 1

Svårighetsgrad: lätt

Ingredienser:

- 2 matskedar tahini
- 2 skivor rostat fullkornsbröd
- 1 tesked rå honung
- 1 litet äpple, urkärnat och tunt skivat

Indikationer:

Börja med att fördela tahinin på rostat bröd och lägg sedan äpplena ovanpå. ringla över honung innan servering.

Näring (per 100 g): 366 kalorier 13 g fett 9 g kolhydrater 29 g protein 686 mg natrium

Basilika äggröra

Förberedelsetid: 5 minuter
TILLAGNINGSTID: 10 minuter
Tjänster: 2
Svårighetsgrad: lätt

Ingredienser:

- 4 ägg, stora
- 2 msk färsk basilika, finhackad
- 2 msk riven gruyereost
- 1 matsked grädde
- 1 matsked olivolja
- 2 vitlöksklyftor, hackade
- Havssalt och svartpeppar efter smak

Indikationer:

Ta en stor skål och vispa ihop basilika, ost, grädde och ägg. Vispa tills det är väl blandat. Placera en stor stekpanna på medelhög värme och värm oljan. Tillsätt din vitlök, koka i en minut. Den ska bli gyllene.

Häll äggblandningen i pannan över vitlöken och fortsätt sedan att röra medan den kokar så att den blir mjuk och fluffig. Justera den väl och servera den varm.

Näring (per 100 g): 360 kalorier 14 g fett 8 g kolhydrater 29 g protein 545 mg natrium

Grekisk potatis och ägg

Förberedelsetid: 10 minuter
TILLAGNINGSTID: 30 minuter
Tjänster: 2
Svårighetsgrad: lätt

Ingredienser:

- 3 tomater, kärnade och grovt hackade
- 2 msk färsk och hackad basilika
- 1 vitlöksklyfta, hackad
- 2 matskedar + ½ kopp olivolja, delad
- havssalt och svartpeppar efter smak
- 3 stora ryska potatisar
- 4 ägg, stora
- 1 tsk färsk och hackad oregano

Indikationer:

Ta matberedaren och lägg tomaterna i den, blanda dem med skalet.

Tillsätt din vitlök, två matskedar olja, salt, peppar och basilika. Blanda tills det är väl blandat. Lägg denna blandning i en kastrull, koka under lock i tjugo till tjugofem minuter på låg värme. Din sås ska vara tjock och bubblig.

Tärna potatisen och lägg den sedan i en kastrull med ½ kopp olivolja i en stekpanna på medelhög värme.

Stek potatisen tills den är knaprig och gyllene. Detta bör ta fem minuter, så täck pannan och sänk värmen till låg. Ånga tills potatisen är färdig.

Lägg äggen i tomatsåsen och koka på låg värme i sex minuter. Dina ägg ska läggas.

Ta bort potatisen från pannan och låt den rinna av med hushållspapper. Vi lägger dem i en skål. Strö över salt, peppar och oregano, servera sedan äggen med potatisen. Bred såsen med blandningen och servera varm.

Näring (per 100 g): 348 kalorier 12 g fett 7 g kolhydrater 27 g protein 469 mg natrium

Smoothie med avokado och honung

Förberedelsetid: 5 minuter

TILLAGNINGSTID: 0 minuter

Tjänster: 2

Svårighetsgrad: lätt

Ingredienser:

- 1 och en halv kopp sojamjölk
- 1 avokado, stor
- 2 matskedar rå honung

Indikationer:

Blanda ihop alla ingredienser och mixa till en slät smet och servera omedelbart.

Näring (per 100 g): 280 kalorier 19 g fett 11 g kolhydrater 30 g protein 547 mg natrium

Omelett med grönsaker

Förberedelsetid: 5 minuter
TILLAGNINGSTID: 10 minuter
Tjänster: 2
Svårighetsgrad: lätt

Ingredienser:

- 1/2 babyaubergine, skalad och tärnad
- 1 näve babyspenatblad
- 1 matsked olivolja
- 3 ägg, stora
- 1 tsk mandelmjölk
- 1 uns getost, smulad
- 1/4 liten röd paprika, finhackad
- havssalt och svartpeppar efter smak

Indikationer:

Börja med att förvärma grillen i ugnen, vispa sedan äggen tillsammans med mandelmjölken. Se till att det blandas väl, ta sedan ut en non-stick, ugnssäker form. Sätt den på medelhög värme och tillsätt sedan olivoljan.

När oljan är varm, tillsätt äggen. Fördela spenaten över denna blandning i ett jämnt lager och tillsätt resten av grönsakerna.

Sänk värmen till medel och strö över salt och peppar. Låt grönsakerna och äggen koka i fem minuter. Den nedre halvan av äggen ska vara fast och grönsakerna mjuka. Tillsätt getost och riv på medelstort galler i 3-5 minuter. Äggen ska vara helt kokta och osten ska smälta. Skär i bitar och servera varma.

Näring (per 100 g): 340 kalorier 16 g fett 9 g kolhydrater 37 g protein 748 mg natrium

Mini salladsrullar

Förberedelsetid: 15 minuter
TILLAGNINGSTID: 0 minuter
Portioner: 4
Svårighetsgrad: lätt

Ingredienser:

- 1 tärnad gurka
- 1 rödlök, skivad
- 1 uns fetaost, låg fetthalt, strimlad
- 1 citron, pressad
- 1 tärnad tomat
- 1 matsked olivolja
- 12 små isbergssalladsblad
- havssalt och svartpeppar efter smak

Indikationer:

Blanda tomater, lök, fetaost och gurka i en skål. Blanda olja och juice och smaka av med salt och peppar.

Fyll varje blad med grönsaksblandningen och linda tätt. Använd en tandpetare för att hålla ihop dem för att servera.

Näring (per 100 g): 291 kalorier 10 g fett 9 g kolhydrater 27 g protein 655 mg natrium

Apple Cous Cous Med Curry

Förberedelsetid: 20 minuter
TILLAGNINGSTID: Fem minuter
Portioner: 4
Svårighetsgrad: medel

Ingredienser:

- 2 teskedar olivolja
- 2 purjolök, endast vita delar, skivad
- 1 tärnad äpple
- 2 matskedar currypulver
- 2 dl couscous, kokt och fullkorn
- 1/2 kopp pekannötter, hackade

Indikationer:

Hetta upp olja i en panna på medelvärme. Tillsätt purjolöken och koka tills den är mjuk, vilket tar fem minuter. Tillsätt ditt äpple och koka tills det är mjukt.

Tillsätt curry och couscous och blanda väl. Ta av från värmen och tillsätt valnötter innan servering omedelbart.

Näring (per 100 g): 330 kalorier 12 g fett 8 g kolhydrater 30 g protein 824 mg natrium

Lamm och grönsaker

Förberedelsetid: 20 minuter

TILLAGNINGSTID: 1 timme och 10 minuter

Portioner: 8

Svårighetsgrad: medel

Ingredienser:

- 1/4 kopp olivolja
- 1 pund magert lamm, urbenat och skuret i ½-tums bitar
- 2 stora röda potatisar, skalade och tärnade
- 1 grovhackad lök
- 2 vitlöksklyftor, hackade
- 28 uns tärnade saftiga tomater, konserverade och osaltade
- 2 zucchini, skär i ½-tums skivor
- 1 röd paprika, kärnad och tärnad i 1-tums kuber
- 2 msk plattbladig persilja, hackad
- 1 matsked paprika
- 1 tsk timjan
- 1/2 tsk kanel
- 1/2 glas rött vin
- havssalt och svartpeppar efter smak

Indikationer:

Börja med att förvärma ugnen till 325 grader, ta sedan ut en stor gryta. Placera över medelhög värme för att värma olivoljan. När din olja är varm, rör ner lammet och bryn köttet. Rör om ofta så att det inte rinner, lägg sedan lammet i en långpanna. Koka vitlöken, löken och potatisen i pannan tills den är mjuk, vilket bör ta ytterligare fem till sex minuter. Vi lägger dem också i pannan. Tillsätt squash, paprika och tomater i pannan med örter och kryddor. Låt det koka i ytterligare tio minuter innan du lägger det i pannan. Häll i vin och pepparsås. Tillsätt din tomat och täck sedan med folie. Koka i en timme. Ta av locket för de sista femton minuterna av tillagningen och justera kryddningen efter behov.

Näring (per 100 g):240 kalorier 14 g fett 8 g kolhydrater 36 g protein 427 mg natrium

Jag tröstar med örter

Förberedelsetid: 20 minuter

TILLAGNINGSTID: 1 timme och 5 minuter

Portioner: 4

Svårighetsgrad: medel

Ingredienser:

- 1/2 kopp plattbladig persilja, lätt rullad
- 1/4 kopp olivolja
- 4 vitlöksklyftor, skalade och halverade
- 2 msk färsk rosmarin
- 2 msk timjanblad, färska
- 2 msk färsk salvia
- 2 msk citronskal, färskt
- 4 fyllda filéer
- havssalt och svartpeppar efter smak

Indikationer:

Värm ugnen till 350 grader och lägg sedan alla ingredienser utom smeten i matberedaren. Blanda tills det bildas en nötpasta. Lägg filéerna på en bricka och täck dem med pasta. Låt dem svalna i kylen en timme. Grädda i tio minuter. Ordna dem och servera varma.

Näring (per 100 g): 307 kalorier 11 g fett 7 g kolhydrater 34 g protein 824 mg natrium

Blomkålsquinoa

Förberedelsetid: 15 minuter

TILLAGNINGSTID: 10 minuter

Portioner: 4

Svårighetsgrad: lätt

Ingredienser:

- 1 1/2 dl quinoa, kokt
- 3 matskedar olivolja
- 3 dl blomkålsbuketter
- 2 små lökar, hackade
- 1 matsked rödvinsvinäger
- havssalt och svartpeppar efter smak
- 1 matsked rödvinsvinäger
- 1 matsked hackade kikärter
- 1 sked hackad persilja

Indikationer:

Börja med att värma upp en stekpanna på medelhög värme. Tillsätt din olja. När oljan är varm, tillsätt vårlöken och koka i cirka två minuter. Tillsätt quinoan och blomkålen, tillsätt sedan resten av ingredienserna. Blanda väl och täck. Koka i nio minuter på medelvärme och dela upp i serveringsfat.

Näring (per 100 g): 290 kalorier 14 g fett 9 g kolhydrater 26 g protein 656 mg natrium

Mango Päron Smoothie

Förberedelsetid: 5 minuter
TILLAGNINGSTID: 0 minuter
Tjänster: 1
Svårighetsgrad: lätt

Ingredienser:

- 2 isbitar
- ½ kopp vanlig grekisk yoghurt
- ½ mango, skalad, urkärnad och tärnad
- 1 dl grönkål, hackad
- 1 moget päron, urkärnat och skivat

Indikationer:

Blanda tills blandningen är tjock och homogen. Servera kall.

Näring (per 100 g): 350 kalorier 12 g fett 9 g kolhydrater 40 g protein 457 mg natrium

spenat omelett

Förberedelsetid: 10 minuter
TILLAGNINGSTID: 20 minuter
Portioner: 4
Svårighetsgrad: lätt

Ingredienser:

- 3 matskedar olivolja
- 1 liten och hackad lök
- 1 vitlöksklyfta, hackad
- 4 stora tomater, skurna och hackade
- 1 tsk havssalt, fint
- 8 uppvispade ägg
- ¼ tesked svartpeppar
- 2 uns fetaost, smulad
- 1 msk plattbladig persilja, färsk och hackad

Indikationer:

Värm ugnen till 400 grader och häll olivoljan i en ugnssäker form. Sätt pannan på hög värme och tillsätt löken. Koka i fem till sju minuter. Din lök ska bli mjuk.

Tillsätt tomater, salt, peppar och vitlök. Koka sedan i ytterligare fem minuter och tillsätt de vispade äggen. Blanda försiktigt och koka i 3-5 minuter. De ska placeras längst ner. Sätt pannan i ugnen och tillaga den i ytterligare fem minuter. Ta ut den ur ugnen, dekorera den med persilja och skivor. Servera varm.

Näring (per 100 g): 280 kalorier 19 g fett 10 g kolhydrater 31 g protein 625 mg natrium

Pannkakor med mandel

Förberedelsetid: 15 minuter

TILLAGNINGSTID: 15 minuter

Portioner: 6

Svårighetsgrad: lätt

Ingredienser:

- 2 koppar mandelmjölk, osötad och i rumstemperatur
- 2 ägg, stora och i rumstemperatur
- ½ kopp kokosolja, smält + mer till topping
- 2 teskedar rå honung
- ¼ tesked havssalt, fint
- ½ tesked bakpulver
- 1 ½ dl fullkornsmjöl
- ½ kopp mandelmjöl
- 1 och en halv tesked bakpulver
- ¼ tesked kanel, mald

Indikationer:

Ta en stor skål och vispa ihop kokosolja, ägg, mandelmjölk och honung, blanda tills det är väl blandat.

Ta en medelstor skål och sikta ihop bakpulvret, bakpulver, mandelmjöl, havssalt, vetemjöl och kanel. Blanda väl.

Tillsätt mjölblandningen i mjölkblandningen och blanda väl.

Ta en stor stekpanna och täck den med kokosolja innan du placerar den på medelhög värme. Tillsätt ½ kopp pannkakssmet.

Koka i tre minuter eller tills kanterna är fasta. Pannkakans botten ska vara gyllenbrun och bubblor ska bryta ytan. Koka på båda sidor.

Rengör pannan och upprepa tills du har använt all smet. Var noga med att smörja pannan igen och garnera med färsk frukt om så önskas.

Näring (per 100 g): 205 kalorier 16 g fett 9 g kolhydrater 36 g protein 828 mg natrium

Fruktsallad med quinoa

Förberedelsetid: 25 minuter

TILLAGNINGSTID: 0 minuter

Portioner: 4

Svårighetsgrad: lätt

Ingredienser:

- 2 matskedar rå honung
- 1 dl jordgubbar, färska och skivade
- 2 msk limejuice, färsk
- 1 tsk färsk och hackad basilika
- 1 kopp quinoa, kokt
- 1 mango, skalad, urkärnad och tärnad
- 1 dl bär, färska
- 1 persika, urkärnad och tärnad
- 2 kiwi, skalade och delade i fjärdedelar

Indikationer:

Börja med att blanda citronsaft, basilika och honung i en liten skål. Blanda i en annan skål jordgubbar, quinoa, björnbär, persikor, kiwi och mango. Tillsätt honungsblandningen och rör om innan servering.

Näring (per 100 g): 159 kalorier 12 g fett 9 g kolhydrater 29 g protein 829 mg natrium

Strawberry Rabarber Smoothie

Förberedelsetid: 8 minuter
TILLAGNINGSTID: 0 minuter
Tjänster: 1
Svårighetsgrad: lätt

Ingredienser:

- 1 dl jordgubbar, färska och skivade
- 1 hackad rabarberstjälk
- 2 matskedar rå honung
- 3 isbitar
- 1/8 tsk mald kanel
- ½ kopp vanlig grekisk yoghurt

Indikationer:

Börja med att ta fram en liten kastrull och fyll den med vatten. Vi sätter det på hög värme för att koka och tillsätter sedan rabarber. Koka dem i tre minuter innan de töms och läggs i en mixer.

Tillsätt yoghurt, honung, kanel och jordgubbar i din mixer. När svalnat, tillsätt is. Blanda tills det inte finns några klumpar och det blir tjockt. Njut av kylan.

Näring (per 100 g): 201 kalorier 11 g fett 9 g kolhydrater 39 g protein 657 mg natrium

Korngröt

Förberedelsetid: 10 minuter

TILLAGNINGSTID: 20 minuter

Portioner: 4

Svårighetsgrad: lätt

Ingredienser:

- 1 dl vetegroddar
- 1 kopp korn
- 2 dl mandelmjölk, osötad + mer till servering
- ½ kopp blåbär
- ½ kopp granatäpplekärnor
- 2 glas vatten
- ½ kopp hasselnötter, rostade och hackade
- ¼ kopp honung, rå

Indikationer:

Ta en gryta, sätt den på medelhög värme, tillsätt sedan mandelmjölk, vatten, korn och vetegroddar. Koka upp innan du sänker värmen och låt det puttra i tjugofem minuter. Rör om ofta. Dina bönor ska bli mjuka.

Toppa varje servering med blåbär, granatäpplekärnor, hasselnötter, en sked honung och en klick mandelmjölk.

Näring (per 100 g): 150 kalorier 10 g fett 9 g kolhydrater 29 g protein 546 mg natrium

Pepparkakspumpa Smoothie

Förberedelsetid: 15 minuter

TILLAGNINGSTID: 50 minuter

Tjänster: 1

Svårighetsgrad: lätt

Ingredienser:

- 1 dl mandelmjölk, osötad
- 2 tsk chiafrön
- 1 banan
- ½ kopp konserverad pumpapuré
- ¼ tesked ingefära, mald
- ¼ tesked kanel, mald
- 1/8 tsk muskot, mald

Indikationer:

Börja med att ta fram en skål och blanda ihop chaifröna och mandelmjölken. Låt dem dra i minst en timme, men du kan blötlägga dem över natten. Lägg dem i en mixer.

Tillsätt resten av ingredienserna och blanda sedan tills det är slätt. Servera kall.

Näring (per 100 g): 250 kalorier 13 g fett 7 g kolhydrater 26 g protein 621 mg natrium

Grön juice

Förberedelsetid: 5 minuter

TILLAGNINGSTID: 0 minuter

Tjänster: 1

Svårighetsgrad: lätt

Ingredienser:

- 3 koppar mörkgröna bladgrönsaker
- 1 gurka
- ¼ kopp färsk italiensk persilja
- ¼ ananas, skuren i bitar
- ½ grönt äpple
- ½ apelsin
- ½ citron
- En nypa nyriven ingefära

Indikationer:

Mos grönsakerna, gurkan, persiljan, ananas, äpple, apelsin, citron och ingefära med en juicepress, häll upp i en stor mugg och servera.

Näring (per 100 g): 200 kalorier 14 g fett 6 g kolhydrater 27 g protein 541 mg natrium

Smoothie med nötter och dadlar

Förberedelsetid: 10 minuter

TILLAGNINGSTID: 0 minuter

Tjänster: 2

Svårighetsgrad: lätt

Ingredienser:

- 4 urkärnade dadlar
- ½ kopp mjölk
- 2 koppar vanlig grekisk yoghurt
- 1/2 kopp valnötter
- ½ tsk kanel, mald
- ½ tesked vaniljextrakt, rent
- 2-3 isbitar

Indikationer:

Blanda allt tills det är slätt, servera sedan kallt.

Näring (per 100 g): 109 kalorier 11 g fett 7 g kolhydrater 29 g protein 732 mg natrium

Frukt milkshake

Förberedelsetid: 5 minuter
TILLAGNINGSTID: 0 minuter
Tjänster: 2
Svårighetsgrad: lätt

Ingredienser:

- 2 dl blåbär
- 2 koppar osötad mandelmjölk
- 1 kopp krossad is
- ½ tesked mald ingefära

Indikationer:

Lägg blåbär, mandelmjölk, is och ingefära i en mixer. Mixa tills det är slätt.

Näring (per 100 g): 115 kalorier 10 g fett 5 g kolhydrater 27 g protein 912 mg natrium

Choklad Banan Smoothie

Förberedelsetid: 5 minuter
TILLAGNINGSTID: 0 minuter
Tjänster: 2
Svårighetsgrad: lätt

Ingredienser:

- 2 skalade bananer
- 1 dl lättmjölk
- 1 kopp krossad is
- 3 skedar sockerfritt kakaopulver
- 3 skedar honung

Indikationer:

Blanda bananer, mandelmjölk, is, kakaopulver och honung i en mixer. Blanda tills du får en homogen massa.

Näring (per 100 g): 150 kalorier 18 g fett 6 g kolhydrater 30 g protein 821 mg natrium

Yoghurt med blåbär, honung och mynta

Förberedelsetid: 5 minuter

TILLAGNINGSTID: 0 minuter

Tjänster: 2

Svårighetsgrad: lätt

Ingredienser:

- 2 koppar fettfri, osötad grekisk yoghurt
- 1 dl blåbär
- 3 skedar honung
- 2 matskedar hackade färska myntablad

Indikationer:

Dela yoghurten i 2 skålar. Toppa med blåbär, honung och mynta.

Näring (per 100 g): 126 kalorier 12 g fett 8 g kolhydrater 37 g protein 932 mg natrium

Parfait med bär och yoghurt

Förberedelsetid: 5 minuter

TILLAGNINGSTID: 0 minuter

Tjänster: 2

Svårighetsgrad: lätt

Ingredienser:

- 1 kopp hallon
- 1½ koppar fettfri, osötad grekisk yoghurt
- 1 kopp bär
- ¼ kopp hackade valnötter

Indikationer:

Lägg hallon, yoghurt och bär i 2 skålar. Strö över nötter.

Näring (per 100 g): 119 kalorier 13 g fett 7 g kolhydrater 28 g protein 732 mg natrium

Havregrynsgröt med bär och solrosfrön

Förberedelsetid: 5 minuter

TILLAGNINGSTID: 10 minuter

Portioner: 4

Svårighetsgrad: lätt

Ingredienser:

- 1 glas vatten
- ½ kopp osötad mandelmjölk
- en nypa salt
- 1 kopp gammaldags havregryn
- ½ kopp blåbär
- ½ kopp hallon
- ¼ kopp solrosfrön

Indikationer:

Koka upp vatten med mandelmjölk och havssalt i en medelstor kastrull på medelvärme.

Inkludera havre. Sänk värmen till medel-låg och fortsätt att röra och koka i 5 minuter. Täck över och låt havren stå i ytterligare 2 minuter. Rör om och servera fylld med blåbär, hallon och solrosfrön.

Näring (per 100 g): 106 kalorier 9 g fett 8 g kolhydrater 29 g protein 823 mg natrium

Snabb mandel och lönnöt

Förberedelsetid: 5 minuter

TILLAGNINGSTID: 10 minuter

Portioner: 4

Svårighetsgrad: lätt

Ingredienser:

- 1½ koppar vatten
- ½ kopp osötad mandelmjölk
- en nypa salt
- ½ kopp snabblagad havregryn
- ½ tsk kanelpulver
- ¼ kopp ren lönnsirap
- ¼ kopp strimlad mandel

Indikationer:

Häll vattnet, mandelmjölken och havssaltet i en kastrull på medelvärme och låt koka upp.

Rör hela tiden med en träslev, tillsätt sakta kornen. Fortsätt röra för att undvika klumpar och låt blandningen koka upp. Sänk värmen till medel-låg. Sjud i några minuter, rör om regelbundet, tills vattnet är helt absorberat. Rör ner kanel, sirap och mandel. Koka i ytterligare 1 minut, rör om.

Näring (per 100 g): 126 kalorier 10 g fett 7 g kolhydrater 28 g protein 851 mg natrium

Banan Havregryn

Förberedelsetid: 10 minuter
TILLAGNINGSTID: 10 minuter
Tjänster: 2
Svårighetsgrad: lätt

Ingredienser:

- 1 banan, skalad och skivad
- ¾ c. mandelmjölk
- ½ c. kallt kaffe
- 2 dadlar med frön
- 2 matskedar. kakao pulver
- 1 c. gröt
- 1 och en halv sked. Chiafrön

Indikationer:

Använd en mixer och tillsätt alla ingredienser. Arbeta väl i 5 minuter och servera.

Näring (per 100 g): 288 kalorier 4,4 g fett 10 g kolhydrater 5,9 g protein 733 mg natrium

Frukostmacka

Förberedelsetid: 5 minuter
TILLAGNINGSTID: 20 minuter
Portioner: 4
Svårighetsgrad: lätt

Ingredienser:

- 4 flerkornsmackor
- 4 skedar. olivolja
- 4 ägg
- 1 matsked. rosmarin, färsk
- 2 c. babyspenatblad, färska
- 1 tomat skuren i skivor
- 1 matsked. av fetaost
- En nypa koshersalt
- Malen svartpeppar

Indikationer:

Värm ugnen till 375 F / 190 C. Pensla sidorna av tunna skivor med 2 msk. olivolja och lägg dem i en kastrull. Grädda och rosta i 5 minuter eller tills kanterna är lätt bruna.

I en kastrull, tillsätt resten av olivoljan och rosmarin för att värma över hög värme. Bryt och lägg alla äggen ett och ett i pannan. Gulan ska fortfarande vara rinnig, men äggvitan ska stelna.

Bryt äggulorna med en spatel. Vänd ägget och stek på andra sidan tills det är genomstekt. Ta bort äggen från värmen. Ordna de rostade smörgåsskivorna på 4 separata tallrikar. Den gudomliga spenaten bland delikatesser.

Toppa varje tunt med två skivor tomat, ett hårdkokt ägg och 1 msk. av fetaost. Strö lätt över salt och peppar för att smaka av. Lägg de tunna halvorna av smörgåsen ovanpå och de är redo att serveras.

Näring (per 100 g): 241 kalorier 12,2 g fett 60,2 g kolhydrater 21 g protein 855 mg natrium

Frukost couscous

Förberedelsetid: 10 minuter

TILLAGNINGSTID: 8 minuter

Portioner: 4

Svårighetsgrad: medel

Ingredienser:

- 3 c. lättmjölk
- 1 c. hel couscous, rå
- 1 kanelstång
- ½ aprikos, hackad, torkad
- ¼ c. russin, torkade
- 6 skedar. brunt socker
- ¼ tsk. salt
- 4 skedar. smält smör

Indikationer:

Ta en stor kastrull och kombinera mjölken och kanelstången och värm på medelvärme. Värm i 3 minuter eller tills det bildas mikrobubblor runt kanterna på pannan. Koka inte. Ta av från värmen, rör ner couscous, aprikoser, russin, salt och 4 msk. Brunt socker. Täck över blandningen och låt den vila i 15 minuter. Ta bort och släng kanelstången. Dela couscousen i 4 skålar och täck var och en med 1 sked. smält smör och ½ tsk. Brunt socker. Färdig att servera.

Näring (per 100 g): 306 kalorier 6 g fett 5 g kolhydrater 9 g protein 944 mg natrium

Smoothie med avokado och äpple

Förberedelsetid: 5 minuter

TILLAGNINGSTID: 0 minuter

Tjänster: 2

Svårighetsgrad: lätt

Ingredienser:

- 3 c. spenat
- 1 grönt äpple med kärnor, skivat
- 1 avokado, urkärnad, skalad och tärnad
- 3 matskedar. Chiafrön
- 1 tesked. honung
- 1 fryst banan, skalad
- 2 c. kokosmjölk

Indikationer:

Använd mixern och tillsätt alla ingredienserna. Arbeta den väl i 5 minuter för att få en slät konsistens och servera i glas.

Näring (per 100 g): 208 kalorier 10,1 g fett 6 g kolhydrater 7 g protein 924 mg natrium

Mini omelett

Förberedelsetid: 10 minuter
TILLAGNINGSTID: 20 minuter
Portioner: 8
Svårighetsgrad: lätt

Ingredienser:

- 1 gul lök, hackad
- 1 c. Riven parmesanost
- 1 hackad gul paprika
- 1 krossad röd paprika
- 1 hackad zucchini
- Salt och svartpeppar
- En bult olivolja
- 8 uppvispade ägg
- 2 matskedar. hackade kikärtor

Indikationer:

Ställ en stekpanna på medelhög värme. Tillsätt olja för uppvärmning. Tillsätt alla ingredienser utom kikärtor och ägg. Stek den i ca 5 minuter.

Lägg ägg i en muffinsform och garnera med gräslök. Sätt ugnen på 350 F / 176 C. Placera muffinsformen i ugnen för att grädda i cirka 10 minuter. Servera äggen på en tallrik med de stekta grönsakerna.

Näring (per 100 g):55 kalorier 3 g fett 0,7 g kolhydrater 9 g protein 844 mg natrium

Soltorkad tomat havregryn

Förberedelsetid: 10 minuter

TILLAGNINGSTID: 25 minuter

Portioner: 4

Svårighetsgrad: lätt

Ingredienser:

- 3 c. vatten
- 1 c. mandelmjölk
- 1 matsked. olivolja
- 1 c. stålskuren havre
- ¼ c. hackade, soltorkade tomater
- En nypa röd paprikaflingor

Indikationer:

Använd en kastrull och tillsätt vattnet och mjölken för att blanda. Sätt på medelvärme och låt koka upp. Förbered en annan stekpanna på medelhög värme. Hetta upp oljan och tillsätt havren för att koka i 2 minuter. Lägg över till den första pannan plus tomaterna och rör sedan om. Låt det koka i ca 20 minuter. Lägg i ett serveringsfat och garnera med chiliflakes. Att tycka om.

Näring (per 100 g): 170 kalorier 17,8 g fett 1,5 g kolhydrater 10 g protein 645 mg natrium

Ägg i avokado

Förberedelsetid: 5 minuter
TILLAGNINGSTID: 15 minuter
Portioner: 6
Svårighetsgrad: lätt

Ingredienser:

- 1 tesked. vitlökspulver
- ½ tsk. havssalt
- ¼ c. riven parmesanost
- ¼ tsk. svartpeppar
- 3 kärnfria avokado, halverade
- 6 ägg

Indikationer:

Förbered muffinsformar och förvärm ugnen till 350 F / 176 C. Dela avokado. För att se till att ägget passar in i avokadohålan, skrapa försiktigt 1/3 av köttet.

Lägg avokadon i en muffinsform och se till att den ligger på toppen. Krydda varje avokado jämnt med peppar, salt och vitlökspulver. Lägg till ett ägg i varje avokadohålighet och garnera topparna med ost. Sätt in i ugnen för att grädda tills äggvitan stelnat, ca 15 minuter. Servera och njut.

Näring (per 100 g): 252 kalorier 20 g fett 2 g kolhydrater 5 g protein 946 mg natrium

Egg Brekky- Potatis Hash

Förberedelsetid: 10 minuter

TILLAGNINGSTID: 25 minuter

Tjänster: 2

Svårighetsgrad: lätt

Ingredienser:

- 1 zucchini skuren i tärningar
- ½ c. Kycklingsoppa
- 1/2 pund eller 220 g kokt kyckling
- 1 matsked. olivolja
- 4 oz. eller 113 g räkor
- Salt och svartpeppar
- 1 tärnad sötpotatis
- 2 ägg
- ¼ tsk. röd paprika
- 2 skedar. vitlökspulver
- 1 c. färsk spenat

Indikationer:

Tillsätt olivolja i en kastrull. Stek räkorna, kokt kyckling och sötpotatis i 2 minuter. Tillsätt röd paprika, vitlökspulver och blanda i 4 minuter. Tillsätt squashen och rör om i ytterligare 3 minuter.

Vispa äggen i en skål och lägg i pannan. Krydda med salt och peppar. Täck med ett lock. Koka ytterligare 1 minut och rör ner kycklingfonden.

Täck över och koka i ytterligare 8 minuter på hög värme. Tillsätt spenaten, rör om i ytterligare 2 minuter och servera.

Näring (per 100 g): 198 kalorier 0,7 g fett 7 g kolhydrater 10 g protein 725 mg natrium

Tomatsoppa och basilika

Förberedelsetid: 10 minuter

TILLAGNINGSTID: 25 minuter

Tjänster: 2

Svårighetsgrad: medel

Ingredienser:

- 2 matskedar. grönsakssoppa
- 1 hackad vitlöksklyfta
- ½ c. vit lök
- 1 hackad selleristjälk
- 1 riven morot
- 3 c. tomater, hackade
- Salt och peppar
- 2 lagerblad
- 1½ c. osötad mandelmjölk
- 1/3 c. basilikablad

Indikationer:

Koka upp grönsaksbuljongen i en stor gryta på medelvärme. Tillsätt vitlök och lök och koka i 4 minuter. Tillsätt morötter och selleri. Koka i ytterligare 1 minut.

Lägg i tomaterna och låt dem koka upp. Koka i 15 minuter. Tillsätt mandelmjölk, basilika och lagerblad. Kasta och servera.

Näring (per 100 g): 213 kalorier 3,9 g fett 9 g kolhydrater 11 g protein 817 mg natrium

Pumpa hummus

Förberedelsetid: 10 minuter
TILLAGNINGSTID: 15 minuter
Portioner: 4
Svårighetsgrad: lätt

Ingredienser:

- 2 kg eller 900 gram butternut squash utan frön, skalad
- 1 matsked. olivolja
- ¼ c. tahini
- 2 matskedar. citron juice
- 2 hackad vitlöksklyfta
- Salt och peppar

Indikationer:

Värm ugnen till 300 F / 148 C. Pensla squashen med olivolja. Lägg på en plåt i 15 minuter i ugnen. När pumpan är kokt, lägg den i en matberedare tillsammans med resten av ingredienserna.

Mixa tills det är slätt. Servera med morötter och selleristavar. För ytterligare användning av platsen i enskilda behållare, fäst en etikett och förvara i kylskåp. Låt bli rumstemperatur innan du värms upp i mikrovågsugnen.

Näring (per 100 g): 115 kalorier 5,8 g fett 6,7 g kolhydrater 10 g protein 946 mg natrium

Baconmuffins

Förberedelsetid: 10 minuter
TILLAGNINGSTID: 15 minuter
Portioner: 6
Svårighetsgrad: medel

Ingredienser:

- 9 skivor skinka
- 1/3 c. hackad spenat
- ¼ c. smulad fetaost
- ½ c. hackad rostad röd paprika
- Salt och svartpeppar
- 1 och en halv sked. basilika pesto
- 5 uppvispade ägg

Indikationer:

Smörj en muffinsform. Använd 1 ½ skivor bacon för att fodra varje muffinsform. Med undantag för svartpeppar, salt, pesto och ägg, dela resten av ingredienserna i skålarna med bacon. Använd en skål och vispa ihop peppar, salt, pesto och ägg. Häll pepparblandningen över den. Sätt ugnen på 400 F / 204 C och grädda i ca 15 minuter. Servera omedelbart.

Näring (per 100 g): 109 kalorier 6,7 g fett 1,8 g kolhydrater 9 g protein 386 mg natrium

Skriftlig sallad

Förberedelsetid: 10 minuter
TILLAGNINGSTID: 0 minuter
Tjänster: 2
Svårighetsgrad: lätt

Ingredienser:

- 1 matsked. olivolja
- Salt och svartpeppar
- 1 knippe babyspenat, hackad
- 1 avokado, urkärnad, skalad och tärnad
- 1 hackad vitlöksklyfta
- 2 c. dinkel kokt
- ½ c. körsbärstomater, tärnade

Indikationer:

Justera lågan till medeltemperatur. Häll oljan i en panna och värm upp. Tillsätt resten av ingredienserna. Koka blandningen i ca 5 minuter. Lägg upp på serveringsfat och njut.

Näring (per 100 g): 157 kalorier 13,7 g fett 5,5 g kolhydrater 6 g protein 615 mg natrium

Blåbär och dadlar

Förberedelsetid: 10 minuter
TILLAGNINGSTID: 20 minuter
Portioner: 10
Svårighetsgrad: lätt

Ingredienser:

- 12 kärnfria dadlar, hackade
- 1 tesked. vanilj extrakt
- ¼ c. honung
- ½ c. gröt
- ¾ c. torkade tranbär
- ¼ c. smält avokadoolja mandlar
- 1 c. hackade, rostade nötter
- ¼ c. pumpafrön

Indikationer:

Använd en skål och blanda alla ingredienser för att kombinera.

Lägg ett bakplåtspapper på en plåt. Tryck på mixen i inställningen. Ställ in i kylen i ca 30 minuter. Skär i 10 rutor och njut.

Näring (per 100 g): 263 kalorier 13,4 g fett 14,3 g kolhydrater 7 g protein 845 mg natrium

Omelett med linser och cheddar

Förberedelsetid: 5 minuter

TILLAGNINGSTID: 17 minuter

Portioner: 4

Svårighetsgrad: lätt

Ingredienser:

- 1 hackad rödlök
- 2 matskedar. olivolja
- 1 c. kokt sötpotatis, hackad
- ¾ c. hackad skinka
- 4 uppvispade ägg
- ¾ c. kokta linser
- 2 matskedar. grekisk yoghurt
- Salt och svartpeppar
- ½ c. körsbärstomater halverade,
- ¾ c. riven cheddarost

Indikationer:

Justera värmen till medelvärme och ställ en kastrull på den. Tillsätt olja för uppvärmning. Rör ner löken och låt den fräsa i ca 2 minuter. Förutom osten och äggen, tillsätt resten av ingredienserna och koka i ytterligare 3 minuter. Tillsätt ägg, garnera med ost. Koka under lock i ytterligare 10 minuter.

Skär omeletten i skivor, lägg i en skål och njut.

Näring (per 100 g): 274 kalorier 17,3 g fett 3,5 g kolhydrater 6 g protein 843 mg natrium

Tonfisksmörgås

Förberedelsetid: 5 minuter

TILLAGNINGSTID: Fem minuter

Tjänster: 2

Svårighetsgrad: lätt

Ingredienser:

- 6 oz. eller 170 g konserverad tonfisk, avrunnen och finhackad
- 1 avokado, skalad, skalad och krossad
- 4 skivor grovt bröd
- Lite salt och svartpeppar
- 1 matsked. smulad fetaost
- 1 c. baby spenat

Indikationer:

Använd en skål och blanda peppar, salt, tonfisk och ost för att kombinera. Bred en avokadopuré på brödskivorna.

Dela på samma sätt tonfisk- och spenatblandningen i 2 av skivorna. Toppa med de återstående 2 skivorna. Att tjäna.

Näring (per 100 g): 283 kalorier 11,2 g fett 3,4 g kolhydrater 8 g protein 754 mg natrium

Skriftlig sallad

Förberedelsetid: 15 minuter

TILLAGNINGSTID: 30 minuter

Portioner: 4

Svårighetsgrad: medel

Ingredienser:

- sallad
- 2 ½ koppar grönsaksbuljong
- ¾ kopp smulad fetaost
- 1 burk avrunna kikärtor
- 1 skivad gurka
- 1 ½ dl dinkelpärlor
- 1 matsked olivolja
- ½ lök skivad
- 2 dl babyspenat, hackad
- 1 liter körsbärstomater
- 1 ¼ kopp vatten
- Krydda:
- 2 matskedar citronsaft
- 1 matsked honung
- ¼ kopp olivolja
- ¼ tesked oregano
- 1 nypa röd paprika
- ¼ tesked salt

- 1 matsked rödvinsvinäger

Indikationer:

Hetta upp oljan i en panna. Tillsätt dinkeln och koka en minut. Se till att röra om regelbundet under tillagningen. Tillsätt vatten och fond och låt sedan koka upp. Sänk värmen och koka tills fröna är mjuka, cirka 30 minuter. Häll av vattnet och lägg dinkeln i en skål.

Tillsätt spenaten och rör om. Låt svalna i ca 20 minuter. Tillsätt gurka, lök, tomater, paprika, kikärter och fetaost. Blanda väl för att få en bra blandning. Ta ett steg tillbaka och förbered såsen.

Blanda alla ingredienser till såsen och blanda väl tills det blir en homogen massa. Häll upp i en skål och blanda väl. Justera det väl efter smak.

Näring (per 100 g):365 kalorier 10 g fett 43 g kolhydrater 13 g protein 845 mg natrium

Sallad med kikärter och zucchini

Förberedelsetid: 10 minuter

TILLAGNINGSTID: 0 minuter

Tjänster: 3

Svårighetsgrad: lätt

Ingredienser:

- ¼ kopp balsamvinäger
- 1/3 kopp hackade basilikablad
- 1 msk avrunnen och hackad kapris
- ½ kopp smulad fetaost
- 1 burk avrunna kikärtor
- 1 hackad vitlöksklyfta
- ½ kopp Kalamata oliver, hackade
- 1/3 kopp olivolja
- ½ kopp söt lök, hackad
- ½ tsk oregano
- 1 nypa krossad röd paprika
- ¾ kopp röd paprika, hackad
- 1 matsked hackad rosmarin
- 2 dl zucchini, tärnad
- Salta och peppra efter smak

Indikationer:

Blanda grönsakerna i en skål och täck ordentligt.

Servera i rumstemperatur. Men för bästa resultat, kyl skålen några timmar innan servering så att smakerna blandas.

Näring (per 100 g): 258 kalorier 12 g fett 19 g kolhydrater 5,6 g protein 686 mg natrium

Sallad med provensalska kronärtskockor

Förberedelsetid: 15 minuter

TILLAGNINGSTID: Fem minuter

Tjänster: 3

Svårighetsgrad: lätt

Ingredienser:

- 250 g kronärtskockshjärtan
- 1 tsk hackad basilika
- 2 vitlöksklyftor, hackade
- 1 citronskal
- 1 msk oliver, hackade
- 1 matsked olivolja
- ½ hackad lök
- 1 nypa, ½ tsk salt
- 2 tomater, hackade
- 3 matskedar vatten
- ½ glas vitt vin
- Salta och peppra efter smak

Indikationer:

Hetta upp oljan i en panna. Fräs löken och vitlöken. Koka tills löken är genomskinlig och krydda med lite salt. Häll i det vita vinet och låt sjuda tills vinet reducerats till hälften.

Tillsätt tomatköttet, kronärtskockshjärtan och vatten. Koka på låg värme och tillsätt sedan citronskalet och ca ½ tsk salt. Täck över och koka i ca 6 minuter.

Tillsätt oliverna och basilikan. Krydda väl och njut!

Näring (per 100 g): 147 kalorier 13 g fett 18 g kolhydrater 4 g protein 689 mg natrium

Bulgarisk sallad

Förberedelsetid: 10 minuter

TILLAGNINGSTID: 20 minuter

Tjänster: 2

Svårighetsgrad: medel

Ingredienser:

- 2 koppar bulgur
- 1 matsked smör
- 1 gurka, skuren i bitar
- ¼ kopp fänkål
- ¼ kopp svarta oliver, halverade
- 1 matsked, 2 teskedar olivolja
- 4 glas vatten
- 2 teskedar rödvinsvinäger
- salt, nog

Indikationer:

I en gryta, stek bulgur i en blandning av smör och olivolja. Koka tills bulgurn är gyllenbrun och börjar gå sönder.

Tillsätt vatten och salt. Slå ihop allt och låt sjuda i cirka 20 minuter eller tills bulguren är mjuk.

Blanda i en skål gurkbitarna med olivolja, dill, rödvinsvinäger och svarta oliver. Blanda allt väl.

Blanda gurka och bulgur.

Näring (per 100 g): 386 kalorier 14 g fett 55 g kolhydrater 9 g protein 545 mg natrium

Falafel salladsskål

Förberedelsetid: 15 minuter
TILLAGNINGSTID: Fem minuter
Tjänster: 2
Svårighetsgrad: lätt

Ingredienser:

- 1 msk varm vitlökssås
- 1 msk vitlök och fänkålssås
- 1 paket vegetarisk falafel
- 1 låda hummus
- 2 matskedar citronsaft
- 1 msk urkärnade Kalamata-oliver
- 1 msk extra virgin olivolja
- 1/4 kopp lök, tärnad
- 2 dl hackad persilja
- 2 koppar frasiga pitabröd
- 1 nypa salt
- 1 matsked tahinisås
- ½ kopp tärnade tomater

Indikationer:

Koka den beredda falafeln. Lägg den åt sidan. Gör salladen. Blanda persilja, lök, tomat, citronsaft, olivolja och salt. Släng allt och ställ det åt sidan. Överför allt till serveringsskålar. Tillsätt persiljan och täck med hummus och falafel. Strö skålen med tahinisås, chili- och vitlökssås och fänkålssås. Tillsätt citronsaft vid servering och blanda salladen väl. Servera med pitabröd vid sidan om.

Näring (per 100 g): 561 kalorier 11 g fett 60,1 g kolhydrater 18,5 g protein 944 mg natrium

Lätt grekisk sallad

Förberedelsetid: 15 minuter

TILLAGNINGSTID: 0 minuter

Tjänster: 2

Svårighetsgrad: lätt

Ingredienser:

- 120 g grekisk fetaost skuren i tärningar
- 5 gurkor skurna på längden
- 1 tesked honung
- 1 citron, tuggad och riven
- 1 kopp Kalamata-oliver, urkärnade och halverade
- ¼ kopp extra virgin olivolja
- 1 lök, skivad
- 1 tsk oregano
- 1 nypa färsk oregano (för garnering)
- 12 tomater, i fjärdedelar
- ¼ kopp rödvinsvinäger
- Salta och peppra efter smak

Indikationer:

Blötlägg löken i saltat vatten i en skål i 15 minuter. I en stor skål, kombinera honung, citronsaft, citronskal, oregano, salt och peppar. Blanda allt. Tillsätt gradvis olivoljan, rör om som du gör, tills oljan emulgerar. Tillsätt oliver och tomater. Få det rätt. Tillsätt gurkorna

Låt löken blötlagd i saltat vatten rinna av och lägg till salladsblandningen. Toppa salladen med färsk oregano och fetaost. Pensla med olivolja och justera med peppar efter smak.

Näring (per 100 g): 292 kalorier 17 g fett 12 g kolhydrater 6 g protein 743 mg natrium

Ruccolasallad med fikon och valnötter

Förberedelsetid: 15 minuter

TILLAGNINGSTID: 10 minuter

Tjänster: 2

Svårighetsgrad: lätt

Ingredienser:

- 150 g raket
- 1 morot, riven
- 1/8 tsk cayennepeppar
- 3 uns getost, smulad
- 1 burk osaltade kikärtor, avrunna
- ½ dl torkade fikon, skurna i bitar
- 1 tesked honung
- 3 matskedar olivolja
- 2 teskedar balsamvinäger
- ½ valnötter halverade
- salt, nog

Indikationer:

Värm ugnen till 175 grader. I en ugnsform, kombinera valnötter, 1 msk olivolja, cayennepeppar och 1/8 tsk salt. Sätt in formen i ugnen och tillaga tills nötterna blir gyllenbruna. Ställ åt sidan när du är klar.

I en skål, kombinera honung, balsamvinäger, 2 matskedar olja och ¾ tesked salt.

I en stor skål, kombinera rucola, morot och fikon. Tillsätt valnötter och getost och dressa med honungsbalsamicovinägrett. Se till att du täcker allt.

Näring (per 100 g): 403 kalorier 9 g fett 35 g kolhydrater 13 g protein 844 mg natrium

Blomkålssallad med tahinivinägrett

Förberedelsetid: 15 minuter
TILLAGNINGSTID: Fem minuter
Tjänster: 2
Svårighetsgrad: medel

Ingredienser:

- 1 ½ pund blomkål
- ¼ kopp torkade körsbär
- 3 matskedar citronsaft
- 1 msk färsk mynta, hackad
- 1 tsk olivolja
- ½ dl hackad persilja
- 3 msk rostade saltade pistagenötter, hackade
- ½ tesked salt
- ¼ kopp schalottenlök, hackad
- 2 matskedar tahini

Indikationer:

Riv blomkål i en mikrovågssäker skål, tillsätt olivolja och ¼ salt. Se till att täcka och ordna blomkålen jämnt. Slå in rätten i matfilm och värm i mikron i ca 3 minuter.

Lägg blomkålsriset på en plåt och låt svalna i ca 10 minuter. Tillsätt citronsaften och löken. Låt vila så att blomkålen kan dra åt sig smaken.

Tillsätt tahiniblandning, körsbär, persilja, mynta och salt. Blanda allt väl. Strö över rostade pistagenötter innan servering.

Näring (per 100 g): 165 kalorier 10 g fett 20 g kolhydrater 6 g protein 651 mg natrium

Medelhavspotatissallad

Förberedelsetid: 15 minuter

TILLAGNINGSTID: 10 minuter

Tjänster: 2

Svårighetsgrad: lätt

Ingredienser:

- 1 knippe basilikablad, hackade
- 1 vitlöksklyfta, krossad
- 1 matsked olivolja
- 1 lök, skivad
- 1 tsk oregano
- 100 g rostad röd paprika. skivor
- 300 g potatis halverad
- 1 burk körsbärstomater
- Salta och peppra efter smak

Indikationer:

Fräs löken i en kastrull. Tillsätt oregano och vitlök. Koka allt i en minut. Tillsätt peppar och tomater. Spraya väl och låt puttra i cirka 10 minuter. Lägg den åt sidan.

Koka potatisen i rikligt med saltat vatten i en kastrull. Koka tills de är mjuka, cirka 15 minuter. Dränera väl. Blanda potatisen med såsen och tillsätt basilika och oliver. Släng till sist allt innan servering.

Näring (per 100 g): 111 kalorier 9 g fett 16 g kolhydrater 3 g protein 745 mg natrium

Quinoa och pistaschsallad

Förberedelsetid: 10 minuter

TILLAGNINGSTID: 15 minuter

Tjänster: 2

Svårighetsgrad: lätt

Ingredienser:

- ¼ tesked spiskummin
- ½ kopp torkade russin
- 1 tsk rivet citronskal
- 2 matskedar citronsaft
- ½ kopp salladslök, hackad
- 1 matsked hackad mynta
- 2 matskedar extra virgin olivolja
- ¼ kopp hackad persilja
- ¼ tesked mald peppar
- 1/3 kopp hackade pistagenötter
- 1 ¼ koppar rå quinoa
- 1 2/3 dl vatten

Indikationer:

I en kastrull, kombinera 1 2/3 dl vatten, russin och quinoa. Koka upp allt och sänk sedan värmen. Sjud allt i ca 10 minuter och låt quinoan skumma upp. Ställ åt sidan i ca 5 minuter. Lägg quinoablandningen i en skål. Tillsätt valnötter, mynta, lök och persilja. Blanda allt. Blanda citronskal, citronsaft, russin, spiskummin och olja i en separat skål. Slå dem ihop. Blanda de torra och våta ingredienserna.

Näring (per 100 g): 248 kalorier 8 g fett 35 g kolhydrater 7 g protein 914 mg natrium

Gurka kycklingsallad med kryddig jordnötsdressing

Förberedelsetid: 15 minuter

TILLAGNINGSTID: 0 minuter

Tjänster: 2

Svårighetsgrad: medel

Ingredienser:

- 1/2 kopp jordnötssmör
- 1 msk sambal oelek (chilipasta)
- 1 matsked sojasås med låg natriumhalt
- 1 tsk grillad sesamolja
- 4 matskedar vatten, eller mer om det behövs
- 1 gurka, skalad och skuren i tunna strimlor
- 1 kokt kycklingfilé, skuren i tunna strimlor
- 2 matskedar hackade jordnötter

Indikationer:

Blanda jordnötssmör, sojasås, sesamolja, sambal oelek och vatten i en skål. Lägg gurkskivorna på en tallrik. Garnera med kycklingfärs och strö över sås. Strö över hackade jordnötter.

Näring (per 100 g): 720 kalorier 54 g fett 8,9 g kolhydrater 45,9 g protein 733 mg natrium

Grönsaks paella

Förberedelsetid: 25 minuter

TILLAGNINGSTID: 45 minuter

Portioner: 6

Svårighetsgrad: medel

Ingredienser:

- ¼ kopp olivolja
- 1 stor söt lök
- 1 stor röd paprika
- 1 stor grön paprika
- 3 vitlöksklyftor, fint hackade
- 1 tsk rökt paprika
- 5 trådar saffran
- 1 zucchini, skuren i ½-tums kuber
- 4 stora mogna tomater, skalade, kärnade och hackade
- 1 1/2 dl spanskt kortkornigt ris
- 3 koppar grönsakssoppa, värmd

Indikationer:

Värm ugnen till 350 ° F. Värm olivolja på medelvärme. Rör ner löken, röd och grön paprika och koka i 10 minuter.

Inkludera vitlök, paprika, saffranstrådar, zucchini och tomater. Sänk värmen till medel-låg och koka i 10 minuter.

Rör ner ris och grönsaksfond. Öka värmen för att få paellan att koka upp. Vänd värmen till medel-låg och koka i 15 minuter. Vi lindar pannan med aluminiumfolie och sätter den i ugnen.

Koka i 10 minuter eller tills vätskan absorberats.

Näring (per 100 g): 288 kalorier 10 g fett 46 g kolhydrater 3 g protein 671 mg natrium

Gryta med aubergine och ris

Förberedelsetid: 30 minuter

TILLAGNINGSTID: 35 minuter

Portioner: 4

Svårighetsgrad: svårt

Ingredienser:

- <u>Till såsen</u>
- ½ kopp olivolja
- 1 liten lök, hackad
- 4 vitlöksklyftor, krossade
- 6 mogna tomater, skalade och hackade
- 2 matskedar tomatpuré
- 1 tsk torkad oregano
- ¼ tesked mald muskotnöt
- ¼ tesked mald spiskummin
- <u>För grytan</u>
- 4 6-tums japanska auberginer, halverade på längden
- 2 matskedar olivolja
- 1 kopp kokt ris
- 2 msk pinjenötter, rostade
- 1 glas vatten

Indikationer:

För att göra såsen

Hetta upp olivoljan i en tjockbottnad kastrull på medelvärme. Lägg i löken och koka i 5 minuter. Inkludera vitlök, tomater, tomatpuré, oregano, muskotnöt och spiskummin. Koka upp och sänk sedan värmen till låg och låt sjuda i 10 minuter. Ta bort och ställ åt sidan.

För att göra grytan

Värm grillen. Medan såsen kokar fixar vi auberginema med olivolja och arrangerar dem i en kastrull. Koka i ca 5 minuter tills de är gyllenbruna. Ta bort och låt svalna. Värm ugnen till 375 ° F. Ordna kylda auberginer, med skurna sidan uppåt, i en 9x13-tums ugnsform. Ta försiktigt bort lite av köttet för att få plats med fyllningen.

I en skål, kombinera hälften av tomatsåsen, kokt ris och pinjenötter. Fyll varje auberginehalva med risblandningen. I samma skål, kombinera den återstående tomatsåsen och vattnet. Häll över auberginen. Koka under lock i 20 minuter tills auberginerna är mjuka.

Näring (per 100 g): 453 kalorier 39 g fett 29 g kolhydrater 7 g protein 820 mg natrium

grönsakscouscous

Förberedelsetid: 15 minuter

TILLAGNINGSTID: 45 minuter

Portioner: 8

Svårighetsgrad: svårt

Ingredienser:

- ¼ kopp olivolja
- 1 lök, hackad
- 4 vitlöksklyftor, hackade
- 2 jalapeñopeppar, genomborrade med en gaffel på flera ställen
- ½ tsk malen spiskummin
- ½ tsk mald koriander
- 1 (28 ounce) burk krossade tomater
- 2 matskedar tomatpuré
- 1/8 tsk salt
- 2 lagerblad
- 11 glas vatten, uppdelat
- 4 morötter
- 2 zucchini, skurna i 2-tums bitar
- 1 ekollon squash, halverad, kärnade och skivad 1 tum tjocka
- 1 (15 ounce) burk kikärter, avrunna och sköljda
- 1/4 kopp hackad konserverad citron (valfritt)
- 3 koppar couscous

Indikationer:

Hetta upp olivoljan i en tjockbottnad kastrull. Tillsätt löken och koka i 4 minuter. Rör ner vitlök, jalapeños, spiskummin och koriander. Koka i 1 minut. Tillsätt tomater, tomatpuré, salt, lagerblad och 8 dl vatten. Låt blandningen koka upp.

Tillsätt morötter, zucchini och squash och låt koka upp igen. Sänk värmen något, täck och låt sjuda i cirka 20 minuter tills grönsakerna är mjuka men inte blöta. Ta 2 koppar av matlagningsvätskan och ställ åt sidan. Krydda efter behov.

Tillsätt de konserverade kikärtorna och citronerna (om du använder). Koka i några minuter och stäng av värmen.

Koka upp de återstående 3 kopparna vatten i en medelstor kastrull på hög värme. Rör ner couscousen, täck över och stäng av värmen. Låt couscousen vila i 10 minuter. Krydda med 1 dl reserverad matlagningsvätska. Använd en gaffel och fluffa couscousen.

Lägg den på ett stort serveringsfat. Fukta den med resterande kokvätska. Ta upp grönsakerna ur grytan och arrangera dem ovanpå. Servera resterande gryta i en separat skål.

Näring (per 100 g): 415 kalorier 7 g fett 75 g kolhydrater 9 g protein 718 mg natrium

Kusin

Förberedelsetid: 25 minuter

TILLAGNINGSTID: 1 timme och 20 minuter

Portioner: 8

Svårighetsgrad: svårt

Ingredienser:

- Till såsen
- 2 matskedar olivolja
- 2 vitlöksklyftor, hackade
- 1 (16 ounce) burk ketchup
- ¼ kopp vit vinäger
- ¼ kopp Harisa, eller köpt i butik
- 1/8 tsk salt
- För riset
- 1 kopp olivolja
- 2 lökar, tunt skivade
- 2 koppar torkade bruna linser
- 4 liter plus ½ kopp vatten, uppdelat
- 2 koppar kortkornigt ris
- 1 tesked salt
- 1 pund pasta med kort armbåge
- 1 (15 ounce) burk kikärter, avrunna och sköljda

Indikationer:

För att göra såsen

Koka olivoljan i en kastrull. Fräs vitlöken. Rör ner tomatsås, vinäger, harissa och salt. Koka upp såsen. Sänk värmen och koka i 20 minuter eller tills såsen har tjocknat. Ta bort och ställ åt sidan.

Att göra ris

Klä en plåt med absorberande papper och ställ åt sidan. Värm olivoljan i en stor stekpanna på medelvärme. Fräs löken, rör om ofta, tills den är knaprig och gyllene. Överför löken till den förberedda skålen och ställ åt sidan. Spara 2 matskedar matolja. Reservera pannan.

På hög värme, kombinera linser och 4 dl vatten i en kastrull. Koka upp och koka i 20 minuter. Sila och krydda med 2 matskedar reserverad matolja. Att lägga åt sidan. Reservera tallriken.

Placera stekpannan du använde för att fräsa löken på medelhög värme och tillsätt riset, 4 1/2 dl vatten och salt. Låt det koka. Sätt värmen på låg och koka i 20 minuter. Stäng av och ställ åt sidan i 10 minuter. Koka upp de återstående 8 kopparna saltat vatten på hög värme i samma gryta som du använde för att koka linserna.

Tillsätt pastan och koka i 6 minuter eller enligt förpackningens anvisningar. Häll av och ställ åt sidan.

Samla

Lägg riset i en serveringsskål med en sked. Häll över linser, kikärter och pasta. Ringla över den varma tomatsåsen och strö över den knaperstekta löken.

Näring (per 100 g): 668 kalorier 13 g fett 113 g kolhydrater 18 g protein 481 mg natrium

Bulgur med tomater och kikärter

Förberedelsetid: 10 minuter

TILLAGNINGSTID: 35 minuter

Portioner: 6

Svårighetsgrad: medel

Ingredienser:

- ½ kopp olivolja
- 1 lök, hackad
- 6 tomater, tärnade eller 1 (16 ounce) burk tärnade tomater
- 2 matskedar tomatpuré
- 2 glas vatten
- 1 msk Harisa, eller köpt i butik
- 1/8 tsk salt
- 2 koppar grov bulgur
- 1 (15 ounce) burk kikärter, avrunna och sköljda

Indikationer:

Värm olivoljan i en tjockbottnad gryta på medelvärme. Fräs löken, tillsätt sedan tomaterna med saften och koka i 5 minuter.

Rör ner tomatpuré, vatten, harissa och salt. Låt det koka.

Rör ner bulgur och kikärter. Låt blandningen koka upp igen. Sänk värmen och koka i 15 minuter. Låt vila i 15 minuter innan servering.

Näring (per 100 g): 413 kalorier 19 g fett 55 g kolhydrater 14 g protein 728 mg natrium

Makrillpasta

Förberedelsetid: 10 minuter

TILLAGNINGSTID: 15 minuter

Portioner: 4

Svårighetsgrad: lätt

Ingredienser:

- 12 uns pasta
- 1 vitlöksklyfta
- 14 uns tomatsås
- 1 kvist hackad persilja
- 2 färska chilipeppar
- 1 tesked salt
- 200 g makrill i olja
- 3 matskedar extra virgin olivolja

Indikationer:

Börja med att koka upp vatten i en kastrull. Medan vattnet värms upp, ta en kastrull, häll lite olja och lite vitlök i den och koka på låg värme. Efter att vitlöken är kokt, ta upp den ur pannan.

Skär chilipeppar, ta bort fröna inuti och skär i tunna strimlor.

Tillsätt kokvattnet och röd paprika i samma kastrull som tidigare. Ta sedan makrillen och efter att du har tömt oljan och separerat den med en gaffel, lägg den i pannan med övriga ingredienser. Stek den lätt genom att tillsätta lite kokande vatten.

När alla ingredienser är väl införlivade, tillsätt tomatpurén i pannan. Blanda väl för att jämna ut alla ingredienser och koka i ca 3 minuter.

Låt oss gå vidare till pastan:

När vattnet börjar koka, tillsätt salt och pasta. Häll av pastan efter att den blivit lite al dente och lägg till såsen du har förberett.

Stek några ögonblick i såsen och efter att ha smakat den, justera den med salt och peppar efter smak.

Näring (per 100 g): 510 kalorier 15,4 g fett 70 g kolhydrater 22,9 g protein 730 mg natrium

Pasta med körsbärstomater och ansjovis

Förberedelsetid: 10 minuter

TILLAGNINGSTID: 15 minuter

Portioner: 4

Svårighetsgrad: lätt

Ingredienser:

- 14 uns makaronepasta
- 6 saltade ansjovis
- 4 uns körsbärstomater
- 1 vitlöksklyfta
- 3 matskedar extra virgin olivolja
- Färsk chili efter smak
- 3 basilikablad
- Salt att smaka

Indikationer:

Börja med att hetta upp vattnet i en kastrull och tillsätt saltet när det kokar upp. Förbered under tiden såsen: ta tomaterna efter att ha tvättat dem och skär dem i 4 delar.

Ta nu en non-stick panna, spraya med lite olja och släng i en vitlöksklyfta. När den är kokt, ta bort från pannan. Tillsätt den rengjorda ansjovisen i pannan genom att lösa upp dem i oljan.

När ansjovisen smält väl, tillsätt de hackade tomaterna och höj värmen, tills de börjar mjukna (var noga med att inte mjukna för mycket).

Tillsätt den hackade paprikan utan frön och krydda.

Lägg pastan i en kastrull med kokande vatten, låt den rinna av al dente och koka den i pannan en stund.

Näring (per 100 g):476 kalorier 11 g fett 81,4 g kolhydrater 12,9 g protein 763 mg natrium

Risotto med citron och räkor

Förberedelsetid: 10 minuter

TILLAGNINGSTID: 30 minuter

Portioner: 4

Svårighetsgrad: lätt

Ingredienser:

- 1 citron
- 14 uns skalade räkor
- 1 ¾ kopp risottoris
- 1 vit lök
- 33 fl. 1 liter grönsaksfond (mindre är bra)
- 2 och en halv skedar smör
- ½ glas vitt vin
- Salt att smaka
- Svartpeppar efter smak
- Gräslök efter smak

Indikationer:

Börja med att koka räkorna i saltat vatten i 3-4 minuter, låt rinna av och ställ åt sidan.

Skala och finhacka en lök, fräs den med smält smör och efter att smöret har torkat, stek riset i en panna några minuter.

Täck riset med ett halvt glas vitt vin och tillsätt sedan saften av 1 citron. Rör om och koka färdigt riset, fortsätt att tillsätta en slev grönsaksfond efter behov.

Blanda väl och några minuter innan tillagningen är slut, tillsätt de tidigare kokta räkorna (håll dem åt sidan för dekoration) och lite svartpeppar.

När elden är avstängd, tillsätt ett glas smör och blanda. Risotton är klar att serveras. Garnera med resterande räkor och strö över gräslök.

Näring (per 100 g): 510 kalorier 10 g fett 82,4 g kolhydrater 20,6 g protein 875 mg natrium

Spaghetti med musslor

Förberedelsetid: 10 minuter

TILLAGNINGSTID: 40 minuter

Portioner: 4

Svårighetsgrad: lätt

Ingredienser:

- 11,5 uns spagetti
- 2 kilo musslor
- 7 uns tomatsås, eller tärnade tomater, för den röda versionen av denna maträtt
- 2 vitlöksklyftor
- 4 matskedar extra virgin olivolja
- 1 glas torrt vitt vin
- 1 msk finhackad persilja
- 1 chilipeppar

Indikationer:

Börja med att tvätta musslorna: "rena" aldrig musslor - de bör bara öppnas med värme, annars går deras värdefulla inre vätska förlorad tillsammans med eventuell sand. Tvätta snabbt musslorna med ett durkslag placerat i en salladsskål: detta kommer att filtrera sanden på skalen.

Kasta sedan omedelbart de avrunna musslorna i en kastrull med lock på hög värme. Vänd dem då och då och när de nästan alla är öppna, ta bort dem från elden. Möss som förblir stängda är döda och bör elimineras. Ta bort skaldjuren från de öppna, lämna några hela för att dekorera rätterna. Häll av den återstående vätskan från botten av pannan och ställ åt sidan.

Ta en stor kastrull och häll lite olja i den. Värm en hel paprika och en eller två pressade vitlöksklyftor på mycket låg värme tills klyftorna gulnar. Tillsätt musslorna och smaka av med torrt vitt vin.

Tillsätt nu den tidigare filtrerade musseljuicen och lite finhackad persilja.

Häll av och koka omedelbart spaghettin al dente i en kastrull efter tillagning i rikligt med saltat vatten. Blanda väl tills spaghettin absorberar all vätska från musslorna. Om du inte använde en chilipeppar, komplettera med ett lätt stänk av vit eller svartpeppar.

Näring (per 100 g): 167 kalorier 8 g fett 8,63 g kolhydrater 5 g protein 720 mg natrium

Grekisk soppa med fisk

Förberedelsetid: 10 minuter

TILLAGNINGSTID: 60 minuter

Portioner: 4

Svårighetsgrad: lätt

Ingredienser:

- Torsk eller annan vit fisk
- 4 potatisar
- 4 vårlökar
- 2 morötter
- 2 stjälkar selleri
- 2 tomater
- 4 matskedar extra virgin olivolja
- 2 ägg
- 1 citron
- 1 kopp ris
- Salt att smaka

Indikationer:

Välj en fisk som inte väger mer än 2,2 kilo, ta bort fjäll, gälar och tarmar och tvätta väl. Smaka av med salt och ställ åt sidan.

Tvätta potatisen, morötterna och löken och lägg dem i en kastrull med tillräckligt med vatten för att göra dem mjuka och låt dem sedan koka upp.

Tillsätt sellerin som fortfarande är bunden i klasar så att den inte skingras under tillagningen, skär tomaterna i fyra delar och tillsätt dessa tillsammans med oljan och saltet.

När grönsakerna nästan är klara, tillsätt mer vatten och fisken. Koka i 20 minuter och ta sedan bort från buljongen tillsammans med grönsakerna.

Lägg upp fisken på ett serveringsfat garnerat med grönsaker och låt vätskan rinna av. Lämna saften på elden igen, späd den med lite vatten. När det kokar, tillsätt riset och justera det med salt. När riset är kokt, ta bort grytan från värmen.

Förbered avgolemonosåsen:

Vispa äggen väl och tillsätt långsamt citronsaften. Häll lite buljong i en sked och häll sakta ner i äggen under konstant omrörning.

I slutet, tillsätt den resulterande såsen till soppan och blanda väl.

Näring (per 100 g): 263 kalorier 17,1 g fett 18,6 g kolhydrater 9 g protein 823 mg natrium

Venus ris med räkor

Förberedelsetid: 10 minuter

TILLAGNINGSTID: 55 minuter

Tjänster: 3

Svårighetsgrad: lätt

Ingredienser:

- 1 ½ dl svart venerris (helst stekt)
- 5 teskedar extra virgin olivolja
- 10,5 uns räkor
- 10,5 uns zucchini
- 1 citron (saft och skal)
- Bordssalt efter smak
- Svartpeppar efter smak
- 1 vitlöksklyfta
- Tabasco efter smak

Indikationer:

Låt oss börja med riset:

När du har fyllt en gryta med mycket vatten och kokat upp, tillsätt riset, smaka av med salt och koka under önskad tid (se tillagningsanvisningen på förpackningen).

Riv under tiden zucchinin med ett rivjärn med stora hål. Värm olivoljan i en panna med den skalade vitlöksklyftan, tillsätt hackad zucchini, salt och peppar och koka i 5 minuter, ta bort vitlöksklyftan och ställ grönsakerna åt sidan.

Rengör nu räkorna:

Ta bort skinnen, skär av svansarna, dela dem på mitten på längden och ta bort inälvorna (det mörka snöret på baksidan). Placera rengjorda räkor i en skål och ringla över olivolja; ge den lite mer smak genom att tillsätta citronskal, salt och peppar och om du vill genom att tillsätta några droppar Tabasco.

Värm räkorna i en het panna några minuter. När den är kokt, ställ åt sidan.

När Venere-riset är klart, häll av det i en skål, tillsätt pumpablandningen och rör om.

Näring (per 100 g): 293 kalorier 5 g fett 52 g kolhydrater 10 g protein 655 mg natrium

Pennette Salmon och Vodka

Förberedelsetid: 10 minuter

TILLAGNINGSTID: 18 minuter

Portioner: 4

Svårighetsgrad: lätt

Ingredienser:

- Penne Rigate 14 oz
- 7 uns rökt lax
- 1,2 uns lök
- 1,35 fl. uns (40 ml) vodka
- 150 g körsbärstomater
- 200 g färsk flytande grädde (för en lättare rätt rekommenderar jag den vegetabiliska)
- Gräslök efter smak
- 3 matskedar extra virgin olivolja
- Salt att smaka
- Svartpeppar efter smak
- Basilika efter smak (till garnering)

Indikationer:

Tvätta och skär tomater och kikärter. Efter att du skalat löken skär du den med en kniv, lägg den i en kastrull och marinera den i extra virgin olivolja i några ögonblick.

Skär under tiden laxen i strimlor och täck med olja och lök.

Blanda allt med vodkan, var försiktig eftersom en låga kan bildas (om lågan stiger, oroa dig inte, den avtar när alkoholen har avdunstat helt). Tillsätt tomatmassan och tillsätt lite salt och, om så önskas, lite peppar. Tillsätt på slutet grädden och de hackade kikärtorna.

Medan såsen fortsätter att sjuda, förbered pastan. När vattnet kokar, häll i pennen och låt dem koka al dente.

Häll av pastan och släng penne i såsen, låt dem puttra i några ögonblick för att absorbera all smak. Om så önskas, garnera med ett basilikablad.

Näring (per 100 g):620 kalorier 21,9 g fett 81,7 g kolhydrater 24 g protein 326 mg natrium

Carbonara med skaldjur

Förberedelsetid: 15 minuter

TILLAGNINGSTID: 50 minuter

Tjänster: 3

Svårighetsgrad: lätt

Ingredienser:

- 11,5 uns spagetti
- 3,5 uns tonfisk
- 3,5 uns svärdfisk
- 3,5 uns lax
- 6 gula
- 4 skedar parmesanost (parmesanost)
- 2 fl. 60 ml vitt vin
- 1 vitlöksklyfta
- Extra virgin olivolja efter smak
- Bordssalt efter smak
- Svartpeppar efter smak

Indikationer:

Förbered kokande vatten i en kastrull och tillsätt lite salt.

Lägg under tiden 6 äggulor i en skål och tillsätt riven parmesan, peppar och salt. Vispa med visp och späd med lite kokande vatten från pannan.

Ta bort laxbenen, fjällen från svärdfisken och fortsätt att tärna tonfisken, laxen och svärdfisken.

Efter kokning, justera pastan och koka den lätt al dente.

Värm under tiden lite olja i en stor panna, tillsätt hela den skalade vitlöksklyftan. När oljan är varm, tillsätt fisktärningarna och stek på hög värme i ca 1 minut. Ta bort vitlöken och tillsätt det vita vinet.

När alkoholen har avdunstat, ta bort fisktärningarna och sänk värmen. Så fort spaghettin är klar, tillsätt den i pannan och stek den i ungefär en minut, rör hela tiden och tillsätt vid behov det kokande vattnet.

Häll i äggulebladningen och fisktärningarna. Blanda väl. Att tjäna.

Näring (per 100 g): 375 kalorier 17 g fett 41,40 g kolhydrater 14 g protein 755 mg natrium

Zucchini Garganelli och Räkpesto

Förberedelsetid: 10 minuter
TILLAGNINGSTID: 30 minuter

Portioner: 4

Svårighetsgrad: medel

Ingredienser:

- 300 g Garganelli med ägg
- Till pumpapeston:
- 7 uns zucchini
- 1 dl pinjenötter
- 8 matskedar (0,35 ounces) basilika
- 1 tsk matsalt
- 9 matskedar extra virgin olivolja
- 2 msk parmesanost att riva
- 1 oz riven pecorinoost
- För de stekta räkorna:
- 8,8 uns räkor
- 1 vitlöksklyfta
- 7 teskedar extra virgin olivolja
- En nypa salt

Indikationer:

Börja med att förbereda peston:

Efter att du har tvättat pumporna, riv dem, lägg dem i ett durkslag (så att de tappar överflödig saft) och salta dem lätt. Lägg pinjenötter, zucchini och basilikablad i en mixer. Tillsätt riven parmesan, pecorino och extra jungfruolja.

Blanda allt tills du får en krämig massa, salta lite och ställ åt sidan.

Byt till räkor:

Ta först bort tarmen genom att skära av baksidan av räkan med en kniv längs hela längden och med knivspetsen ta bort den svarta tråden inuti.

Koka vitlöksklyftan i en non-stick panna med extra virgin olivolja. När den är gyllene, ta bort vitlöken och tillsätt räkorna. Stek dem i ca 5 minuter på medelvärme, tills du ser en krispig skorpa på utsidan.

Koka sedan upp en kastrull med saltat vatten och koka garganelli. Ställ åt sidan några matskedar av kokvattnet och låt rinna av al dente-pastan.

Häll Garganelli i pannan där du kokade räkorna. Koka ihop en minut, tillsätt en matsked kokande vatten och tillsätt till sist pumpapeston.

Blanda allt väl för att kombinera pastan med såsen.

Näring (per 100 g): 776 kalorier 46 g fett 68 g kolhydrater 22,5 g protein 835 mg natrium

Laxris

Förberedelsetid: 10 minuter

TILLAGNINGSTID: 30 minuter

Portioner: 4

Svårighetsgrad: medel

Ingredienser:

- 1 kopp (12,3 uns) ris
- 8,8 uns laxbiffar
- 1 purjolök
- Extra virgin olivolja efter smak
- 1 vitlöksklyfta
- ½ glas vitt vin
- 3 ½ matskedar riven Grana Padano
- Salt att smaka
- Svartpeppar efter smak
- 17 fl. oz (500 ml) Fiskfond
- 1 kopp smör

Indikationer:

Börja med att rensa laxen och skär den i små bitar. Hetta upp 1 msk olja i en panna med en hel vitlöksklyfta och stek laxen i 2/3 minuter, salta och ställ laxen åt sidan och ta bort vitlöken.

Börja nu förbereda risotton:

Skär purjolöken i mycket små bitar och koka i en panna med två matskedar olja. Häll i riset och koka i några sekunder på medelhög värme, rör om med en träslev.

Tillsätt det vita vinet och fortsätt koka, rör om då och då, försök att inte låta riset fastna i pannan och tillsätt gradvis fonden (grönsaker eller fisk).

Halvvägs genom tillagningen, tillsätt laxen, smöret och lite salt om det behövs. När riset är väl kokt, ta bort från värmen. Kombinera dem med ett par skedar riven Grana Padano och servera.

Näring (per 100 g): 521 kalorier 13 g fett 82 g kolhydrater 19 g protein 839 mg natrium

Pasta med körsbärstomater och ansjovis

Förberedelsetid: 15 minuter

TILLAGNINGSTID: 35 minuter

Portioner: 4

Svårighetsgrad: lätt

Ingredienser:

- 10,5 uns spagetti
- 1,3 kg körsbärstomater
- 9 uns ansjovis (förrensad)
- 2 matskedar kapris
- 1 vitlöksklyfta
- 1 liten rödlök
- Persilja efter smak
- Extra virgin olivolja efter smak
- Bordssalt efter smak
- Svartpeppar efter smak
- Svarta oliver efter smak

Indikationer:

Skär vitlöksklyftan i tunna skivor.

Skär körsbärstomaterna i två. Skala löken och finhacka den.

Häll lite olja i en kastrull med skivad vitlök och lök. Värm allt på medelvärme i 5 minuter; rör om då och då.

När allt är välsmaksatt, tillsätt körsbärstomaterna och lite salt och peppar. Koka i 15 minuter. Ställ under tiden en kastrull med vatten på spisen och så fort det kokar tillsätt salt och pasta.

När såsen nästan är klar, tillsätt ansjovisen och koka några minuter. Blanda försiktigt.

Stäng av värmen, hacka persiljan och lägg i pannan.

När de är kokta, häll av pastan och tillsätt den direkt i såsen. Slå på värmen igen i några sekunder.

Näring (per 100 g): 446 kalorier 10 g fett 66,1 g kolhydrater 22,8 g protein 934 mg natrium

Orecchiette Broccoli och Korv

Förberedelsetid: 10 minuter

TILLAGNINGSTID: 32 minuter

Portioner: 4

Svårighetsgrad: medel

Ingredienser:

- 11,5 uns orecchiette
- 10.5 Broccoli
- 10,5 uns korv
- 1,35 fl. 40 ml vitt vin
- 1 vitlöksklyfta
- 2 timjankvistar
- 7 teskedar extra virgin olivolja
- Svartpeppar efter smak
- Bordssalt efter smak

Indikationer:

Koka upp grytan med fullt vatten och salt. Ta bort broccolibuktorerna från stjälkarna och skär dem på mitten eller i fjärdedelar om de är mycket stora; lägg dem sedan i kokande vatten, täck grytan och koka dem i 6-7 minuter.

Finhacka under tiden timjan och ställ åt sidan. Ta bort skalet från korven och tryck försiktigt till det med en gaffel.

Fräs vitlöksklyftan med lite olja och tillsätt korven. Efter några sekunder, tillsätt timjan och en skvätt vitt vin.

Utan att slänga kokvattnet, ta bort den kokta broccolin med hjälp av en hålslev och lägg i köttet lite i taget. Koka allt i 3-4 minuter. Ta bort vitlöken och tillsätt en nypa svartpeppar.

Koka upp vattnet som du kokade broccolin i, tillsätt sedan pastan och låt koka upp. Efter att pastan är tillagad, häll av den med en hålslev och skicka den direkt till broccolin och salamisåsen. Blanda sedan väl, tillsätt svartpeppar och stek allt i en panna i några minuter.

Näring (per 100 g): 683 kalorier 36 g fett 69,6 g kolhydrater 20 g protein 733 mg natrium

Radicchio Risotto och rökt bacon

Förberedelsetid: 10 minuter

TILLAGNINGSTID: 30 minuter

Tjänster: 3

Svårighetsgrad: medel

Ingredienser:

- 1½ koppar ris
- 14 oz Radicchio
- 5,3 uns rökt bacon
- 34 fl. oz (1l) Grönsakssoppa
- 3,4 fl. 100 ml rött vin
- 7 teskedar extra virgin olivolja
- 1,7 uns lök
- Bordssalt efter smak
- Svartpeppar efter smak
- 3 kvistar timjan

Indikationer:

Låt oss börja med beredningen av grönsaksbuljong.

Börja med radicchio: skär den på mitten och ta bort mitten (den vita delen). Skär den i strimlor, skölj den väl och ställ den åt sidan. Skär även den rökta skinkan i strimlor.

Finhacka schalottenlöken och lägg den i en kastrull med lite olja. Koka upp på medelvärme, tillsätt en sked fond, tillsätt sedan pancetta och stek.

Efter cirka 2 minuter, tillsätt riset och stek, rör om ofta. Häll nu rödvinet på hög värme.

Efter att all alkohol har avdunstat, fortsätt tillagningen genom att tillsätta en sked buljong. Låt den första torka innan du lägger till en till, tills den är helt genomstekt. Tillsätt salt och svartpeppar (beroende på hur mycket du bestämmer dig för att lägga till).

När de är kokta, lägg till rädisor. Blanda väl tills de är kombinerade med riset, men inte kokta. Tillsätt den hackade timjan.

Näring (per 100 g): 482 kalorier 17,5 g fett 68,1 g kolhydrater 13 g protein 725 mg natrium

Pasta Alla Genovese

Förberedelsetid: 10 minuter

TILLAGNINGSTID: 25 minuter

Tjänster: 3

Svårighetsgrad: medel

Ingredienser:

- 11,5 oz Ziti
- 1 kilo nötkött
- 2,2 kilo gyllene lök
- 2 uns selleri
- 2 uns morötter
- 1 kvist persilja
- 3,4 fl. 100 ml vitt vin
- Extra virgin olivolja efter smak
- Bordssalt efter smak
- Svartpeppar efter smak
- Parmesan efter smak

Indikationer:

För att förbereda pastan, utgå från:

Skala och finhacka lök och morötter. Tvätta och finhacka sedan sellerin (kasta inte bladen, som också ska hackas och ställas åt sidan). Gå sedan vidare till köttet, rengör det från överflödigt fett och skär det i 5/6 stora bitar. Bind slutligen bladselleri och persiljekvist med köksgarn för att skapa en aromatisk bunt.

Fyll en stor panna med olja. Tillsätt lök, selleri och morötter (som du lägger åt sidan) och koka några minuter.

Tillsätt sedan köttbitarna, lite salt och det väldoftande gänget. Blanda och koka i några minuter. Sänk sedan värmen och täck med ett lock.

Koka i minst 3 timmar (tillsätt inte vatten eller buljong eftersom löken släpper ut all vätska de behöver för att förhindra att botten av pannan torkar ut). Då och då, kontrollera allt och blanda.

Efter 3 timmars kokning, ta bort massan av aromatiska örter, öka värmen lite, tillsätt en del av vinet och blanda.

Koka köttet utan lock i ungefär en timme, rör om ofta och tillsätt vinet när botten av pannan är torr.

Vid det här laget, ta en bit kött, skiva den på en skärbräda och ställ den åt sidan. Mal ziti och koka den i kokande vatten med salt.

Efter att den har kokat, töm den och lägg tillbaka den i grytan. Strö över några matskedar kokvatten och blanda. Lägg upp dem på en tallrik och tillsätt lite sås och det smulade köttet (det som lämnades åt sidan i steg 7). Tillsätt peppar och riven parmesan efter smak.

Näring (per 100 g): 450 kalorier 8 g fett 80 g kolhydrater 14,5 g protein 816 mg natrium

Napolitansk blomkålspasta

Förberedelsetid: 15 minuter

TILLAGNINGSTID: 35 minuter

Tjänster: 3

Svårighetsgrad: medel

Ingredienser:

- 10,5 oz pasta
- 1 blomkål
- 3,4 fl. 100 ml tomatsås
- 1 vitlöksklyfta
- 1 chilipeppar
- 3 matskedar extra virgin olivolja (eller tesked)
- Salt att smaka
- Peppra efter behov

Indikationer:

Rengör blomkålen väl: ta bort de yttre bladen och stjälkarna. Skär dem i små blommor.

Skala vitlöksklyftan, hacka den och stek den i en kastrull med olja och chilipeppar.

Tillsätt tomatpurén och blomkålen och koka några minuter på medelvärme, täck sedan med några matskedar vatten och koka i 15-20 minuter eller åtminstone tills blomkålen börjar bli krämig.

Om du tycker att botten av pannan är för torr, tillsätt vatten efter behov så att blandningen förblir flytande.

Täck i detta ögonblick blomkålen med varmt vatten och efter att den har kokat tillsätt pastan.

Krydda med salt och peppar.

Näring (per 100 g): 458 kalorier 18 g fett 65 g kolhydrater 9 g protein 746 mg natrium

Pasta och bönor, apelsin och fänkål

Förberedelsetid: 10 minuter

TILLAGNINGSTID: 30 minuter

Portioner: 5

Svårighetsgrad: svårighetsgrad

Ingredienser:

- Extra virgin olivolja - 1 matsked. plus extra för servering
- Bacon - 2 uns, finhackad
- Lök - 1, finhackad
- fänkål - 1 glödlampa, stjälkarna borttagna, glödlampan halverad, skär och finhackad
- Selleri - 1 stjälk, hackad
- Vitlök - 2 klyftor, hackade
- Ansjovisfiléer - 3, tvättade och skurna
- Hackad färsk oregano - 1 matsked.
- Rivet apelsinskal - 2 msk.
- Fänkålsfrön - ½ tsk.
- Rödpepparflingor - ¼ tsk.
- Tärnade tomater - 1 burk (28 ounces)
- Parmesan - 1 skal, plus mer till servering
- Cannellinibönor - 1 burk (7 ounces), sköljda
- Kycklingsoppa - 2 ½ koppar
- Vatten - 2 ½ koppar
- Salt och peppar

- Korn - 1 kopp
- Hackad färsk persilja - ¼ kopp

Indikationer:

Värm oljan i en holländsk ugn på medelvärme. Tillsätt baconet. Rör om i 3-5 minuter eller tills de börjar få färg. Rör ner selleri, fänkål och lök och fräs tills de är mjuka (ca 5-7 minuter).

Rör ner pepparflingorna, fänkålsfrön, apelsinskal, oregano, ansjovis och vitlök. Koka i 1 minut. Blanda tomaterna och deras juice. Rör ner parmesanskalet och bönorna.

Koka och koka i 10 minuter. Blanda vattnet, fonden och 1 tsk. salt. Koka den på hög värme. Rör ner pastan och koka tills den är al dente.

Ta av från värmen och kassera parmesanskalet.

Rör ner persiljan och smaka av med salt och peppar. Ringla över lite olivolja och strö över riven parmesanost. Att tjäna.

Näring (per 100 g): 502 kalorier 8,8 g fett 72,2 g kolhydrater 34,9 g protein 693 mg natrium

Spaghetti med citron

Förberedelsetid: 10 minuter
TILLAGNINGSTID: 15 minuter
Portioner: 6
Svårighetsgrad: lätt

Ingredienser:

- Extra virgin olivolja - ½ kopp
- Rivet citronskal - 2 msk.
- Citronsaft - 1/3 kopp
- Vitlök - 1 kryddnejlika, skuren i bitar
- Salt och peppar
- Parmesan - 2 oz, riven
- Spaghetti - 1 lb.
- Hackad färsk basilika - 6 matskedar.

Indikationer:

Vispa vitlök, olja, citronskal, juice, ½ tsk i en skål. salt och ¼ tsk. Peppar. Rör ner parmesanen och blanda tills det blir krämigt.

Koka under tiden pastan enligt anvisningarna på förpackningen. Häll av och ställ åt sidan ½ kopp av kokvattnet. Tillsätt oljan och basilikablandningen till pastan och blanda ihop. Justera dem väl och blanda dem med kokvattnet efter behov. Att tjäna.

Näring (per 100 g): 398 kalorier 20,7 g fett 42,5 g kolhydrater 11,9 g protein 844 mg natrium

Kryddad grönsakscouscous

Förberedelsetid: 10 minuter

TILLAGNINGSTID: 20 minuter

Portioner: 6

Svårighetsgrad: svårt

Ingredienser:

- Blomkål - 1 huvud, skär i 1 tums buketter
- Extra virgin olivolja - 6 matskedar. plus extra för servering
- Salt och peppar
- Couscous - 1 ½ koppar
- Zucchini - 1, skär i ½ tums bitar
- Röd paprika - 1, skakad, kärnade och skär i ½ tums bitar
- Vitlök - 4 kryddnejlika, hackad
- Ras el hanout - 2 skedar.
- Rivet citronskal - 1 tsk. plus citronklyftor att servera
- Kycklingsoppa - 1 ¾ koppar
- Färsk hackad mejram - 1 matsked.

Indikationer:

Värm 2 msk i en panna. olja på medelvärme. Tillsätt blomkål, ¾ tsk. salt och ½ tsk. Peppar. Blanda det. Koka tills buketten är brun och kanterna knappt genomskinliga.

Ta av locket och koka under omrörning i 10 minuter eller tills buktorna är gyllene. Överför till en skål och rengör pannan. Värm 2 msk. olja i pannan.

Tillsätt couscousen. Koka och fortsätt att röra i 3-5 minuter eller tills bönorna börjar få färg. Överför till en skål och rengör pannan. Värm de återstående 3 msk. olja i pannan och tillsätt peppar, zucchini och ½ tsk. salt. Koka i 8 minuter.

Rör ner citronskal, ras el hanout och vitlök. Koka tills det doftar (ca 30 sekunder). Häll i buljongen och låt puttra. Rör ner couscousen. Ta av från värmen och ställ åt sidan tills den är mjuk.

Tillsätt basilika och blomkål; fluffa sedan försiktigt med en gaffel för att införliva. Ringla över extra olja och krydda väl. Servera med citronklyftor.

Näring (per 100 g): 787 kalorier 18,3 g fett 129,6 g kolhydrater 24,5 g protein 699 mg natrium

Bakat ris med dillkryddor

Förberedelsetid: 10 minuter

TILLAGNINGSTID: 45 minuter

Portioner: 8

Svårighetsgrad: medel

Ingredienser:

- Sötpotatis - 1 ½ pund, skalad och skuren i 1 tums bitar
- Extra virgin olivolja - ¼ kopp
- Salt och peppar
- Fänkål - 1 glödlampa, finhackad
- Liten lök - 1, finhackad
- Långkornigt vitt ris - 1 ½ koppar, sköljt
- Vitlök - 4 kryddnejlika, hackad
- Ras el hanout - 2 skedar.
- Kycklingsoppa - 2 koppar
- Stora gröna urkärnade oliver i saltlake - ¾ kopp, halverade
- Hackad färsk koriander - 2 msk.
- Limeklyftor

Indikationer:

Placera ugnsgallret i mitten och förvärm ugnen till 400F. Krydda potatisen med ½ tsk. salt och 2 msk. olja.

Lägg potatisen i ett enda lager på en täckt plåt och rosta i 25-30 minuter eller tills den är mjuk. Rör om potatisen halvvägs genom tillagningen.

Ta bort potatisen och sänk ugnstemperaturen till 350F. Värm de återstående 2 msk i en holländsk ugn. olja på medelvärme.

Tillsätt lök och dill; koka sedan i 5-7 minuter eller tills de är mjuka. Rör ner ras el hanout, vitlök och ris. Stek i 3 minuter.

Rör ner oliverna och fonden och låt vila i 10 minuter. Tillsätt potatisen till riset och mosa försiktigt med en gaffel för att blanda. Krydda med salt och peppar efter smak. Garnera med koriander och servera med limeklyftor.

Näring (per 100 g): 207 kalorier 8,9 g fett 29,4 g kolhydrater 3,9 g protein 711 mg natrium

Marockansk couscous med kikärter

Förberedelsetid: 5 minuter

TILLAGNINGSTID: 18 minuter

Portioner: 6

Svårighetsgrad: medel

Ingredienser:

- Extra virgin olivolja - ¼ kopp, extra per portion
- Couscous - 1 ½ koppar
- Finskalade och hackade morötter - 2
- Finhackad lök - 1
- Salt och peppar
- Vitlök - 3 klyftor, hackade
- Hackad koriander - 1 tsk.
- Mald ingefära - sked.
- Malda anisfrön - ¼ tsk.
- Kycklingsoppa - 1 ¾ koppar
- kikärter - 1 burk (15 uns), sköljda
- Frysta ärtor - 1 ½ koppar
- Hackad färsk persilja eller koriander - ½ kopp
- citronklyftor

Indikationer:

Värm 2 msk. olja i en kastrull på medelvärme. Rör ner couscousen och koka i 3-5 minuter eller tills den börjar få färg. Överför till en skål och rengör pannan.

Värm de återstående 2 msk. olja i pannan och tillsätt löken, morötterna och 1 msk. salt. Koka i 5-7 minuter. Rör ner anis, ingefära, koriander och vitlök. Koka tills det doftar (ca 30 sekunder).

Tillsätt kikärtorna och fonden och låt koka upp. Rör ner couscous och ärter. Täck och ta bort från värmen. Ställ åt sidan tills couscousen är mjuk.

Tillsätt persiljan i couscousen och trä den med en gaffel. Ringla över extra olja och krydda väl. Servera med citronklyftor.

Näring (per 100 g): 649 kalorier 14,2 g fett 102,8 g kolhydrater 30,1 g protein 812 mg natrium

Vegetarisk paella med gröna bönor och kikärter

Förberedelsetid: 10 minuter

TILLAGNINGSTID: 35 minuter

Portioner: 4

Svårighetsgrad: lätt

Ingredienser:

- En nypa saffran
- Grönsakssoppa - 3 koppar
- Olivolja - 1 matsked.
- Gul lök - 1 stor, skuren i tärningar
- Vitlök - 4 kryddnejlika, skär i skivor
- Röd paprika - 1 tärnad
- Krossade tomater - ¾ kopp, färska eller konserverade
- Tomatpuré - 2 matskedar.
- Kryddig paprika - 1 ½ tsk.
- Salt - 1 sked.
- Nymalen svartpeppar - ½ tsk.
- Gröna bönor - 1 1/2 koppar, skalade och halverade
- kikärter - 1 burk (15 ounces), avrunna och sköljda
- Kortkornigt vitt ris - 1 kopp
- Citron - 1, skär i bitar

Indikationer:

Blanda saffranstrådarna med 3 msk. ljummet vatten i en liten skål. Koka upp vatten i en kastrull på medelvärme. Sänk värmen och låt det puttra.

Hetta upp oljan i en kastrull på medelvärme. Rör ner löken och fräs i 5 minuter. Tillsätt paprikan och vitlöken och fräs i 7 minuter eller tills paprikan har mjuknat. Rör ner vatten- och saffransblandningen, salt, peppar, paprika, tomatpuré och tomater.

Tillsätt riset, kikärtorna och haricots verts. Rör ner den heta fonden och låt koka upp. Sänk värmen och låt puttra utan lock i 20 minuter.

Servera varm, garnerad med citronklyftor.

Näring (per 100 g): 709 kalorier 12 g fett 121 g kolhydrater 33 g protein 633 mg natrium

Vitlöksräkor med tomater och basilika

Förberedelsetid: 10 minuter

TILLAGNINGSTID: 10 minuter

Portioner: 4

Svårighetsgrad: lätt

Ingredienser:

- Olivolja - 2 matskedar.
- Räkor - 1¼ kilogram, skalade och rengjorda
- Vitlök - 3 klyftor, hackade
- Krossade rödpepparflingor - 1/8 tsk.
- Torrt vitt vin - ¾ kopp
- Druvtomater - 1 ½ koppar
- Finhackad färsk basilika - ¼ kopp, plus mer till garnering
- Salt - ¾ tsk.
- Malen svartpeppar - ½ tsk.

Indikationer:

Värm oljan på medelhög värme i en stekpanna. Tillsätt räkorna och koka i 1 minut eller tills de är kokta. Överför till en tallrik.

Lägg rödpepparflingorna och vitlöken i oljan i pannan och koka under omrörning i 30 sekunder. Rör ner vinet och koka tills det reducerats till hälften.

Lägg i tomaterna och stek tills tomaterna börjar delas (ca 3 till 4 minuter). Rör i de reserverade räkorna, salt, peppar och basilika. Koka i 1 till 2 minuter till.

Servera garnerad med resterande basilika.

Näring (per 100 g): 282 kalorier 10 g fett 7 g kolhydrater 33 g protein 593 mg natrium

Räkpaella

Förberedelsetid: 10 minuter

TILLAGNINGSTID: 25 minuter

Portioner: 4

Svårighetsgrad: medel

Ingredienser:

- Olivolja - 2 matskedar.
- Medium lök - 1, skär i tärningar
- Röd paprika - 1 tärnad
- Vitlök - 3 klyftor, hackade
- En nypa saffran
- Kryddig paprika - ¼ tsk.
- Salt - 1 sked.
- Nymalen svartpeppar - ½ tsk.
- Kycklingbuljong - 3 koppar, delad
- Kortkornigt vitt ris - 1 kopp
- Stora skalade och avskalade räkor - 1 lb.
- Frysta ärtor - 1 kopp, tinade

Indikationer:

Hetta upp olivoljan i en panna. Tillsätt lök och paprika och fräs i 6 minuter eller tills det mjuknat. Tillsätt salt, peppar, paprika, saffran och vitlök och blanda. Rör ner 2 ½ dl buljong och ris.

Koka upp blandningen och låt sedan sjuda tills riset är kokt, cirka 12 minuter. Lägg räkorna och ärtorna över riset och tillsätt den återstående ½ koppen av buljongen.

Sätt tillbaka locket på pannan och koka tills alla räkor är kokta (ca 5 minuter). Att tjäna.

Näring (per 100 g): 409 kalorier 10 g fett 51 g kolhydrater 25 g protein 693 mg natrium

Linssallad med oliver, mynta och fetaost

Förberedelsetid: 60 minuter

TILLAGNINGSTID: 60 minuter

Portioner: 6

Svårighetsgrad: medel

Ingredienser:

- Salt och peppar
- Franska linser - 1 kopp, skördade och sköljda
- Vitlök - 5 klyftor, lätt pressade och skalade
- Lagerblad - 1
- Extra virgin olivolja - 5 matskedar.
- Vitvinsvinäger - 3 msk.
- Urkärnade Kalamata-oliver - ½ kopp, hackade
- Hackad färsk mynta - ½ kopp
- Schalottenlök - 1 stor, hackad
- Fetaost - 1 uns, smulad

Indikationer:

Tillsätt 4 koppar varmt vatten och 1 tsk. salt i en skål. Tillsätt linserna och låt dem puttra i rumstemperatur i 1 timme. Dränera väl.

Placera grillen i mitten och förvärm ugnen till 325F. Tillsätt linser, 4 dl vatten, vitlök, lagerblad och ½ tsk. salt i en kastrull. Täck över och sätt in grytan i ugnen och koka i 40-60 minuter eller tills linserna är mjuka.

Låt linserna rinna av väl, ta bort vitlök och lagerblad. I en stor skål, vispa ihop olja och vinäger. Tillsätt lök, mynta, oliver och linser och blanda ihop.

Krydda med salt och peppar efter smak. Lägg väl i ett serveringsfat och garnera med skivor. Att tjäna.

Näring (per 100 g): 249 kalorier 14,3 g fett 22,1 g kolhydrater 9,5 g protein 885 mg natrium

Kikärter med vitlök och persilja

Förberedelsetid: 5 minuter

TILLAGNINGSTID: 20 minuter

Portioner: 6

Svårighetsgrad: medel

Ingredienser:

- Extra virgin olivolja - ¼ kopp
- Vitlök - 4 kryddnejlika, skär i tunna skivor
- Röd paprikaflingor - 1/8 tsk.
- Lök - 1, hackad
- Salt och peppar
- kikärter - 2 burkar (15 uns), sköljda
- Kycklingsoppa - 1 kopp
- Hackad färsk persilja - 2 matskedar.
- Citronsaft - 2 skedar.

Indikationer:

Tillsätt 3 msk i en kastrull. tillsätt och koka vitlök och pepparflingor i 3 minuter. Rör ner löken och ¼ tsk. tillsätt salt och koka i 5-7 minuter.

Rör ner kikärtorna och fonden och låt koka upp. Sänk värmen och låt sjuda under lock i 7 minuter.

Avtäck och sätt lågan på hög och koka i 3 minuter eller tills all vätska har avdunstat. Ställ åt sidan och rör ner citronsaft och persilja.

Krydda med salt och peppar efter smak. Krydda med 1 msk. pensla med fett och servera.

Näring (per 100 g): 611 kalorier 17,6 g fett 89,5 g kolhydrater 28,7 g protein 789 mg natrium

Kokta kikärtor med aubergine och tomater

Förberedelsetid: 10 minuter

TILLAGNINGSTID: 60 minuter

Portioner: 6

Svårighetsgrad: lätt

Ingredienser:

- Extra virgin olivolja - ¼ kopp
- Lökar - 2, hackade
- Grön paprika - 1, finhackad
- Salt och peppar
- Vitlök - 3 klyftor, hackade
- Hackad färsk oregano - 1 matsked.
- Lagerblad - 2
- Aubergine - 1 pund, skuren i 1-tums bitar
- Hela skalade tomater - 1 burk, avrunnen på reserverad juice, hackad
- kikärter - 2 burkar (15 ounces), dränerade med 1 kopp reserverad vätska

Indikationer:

Placera ugnsgallret i nedre mitten och förvärm ugnen till 400F. Värm olja i holländsk ugn. Tillsätt peppar, lök, ½ tsk. salt och ¼ tsk. Peppar. Stek i 5 minuter.

Blanda i 1 msk. oregano, vitlök och lagerblad och koka i 30 sekunder. Rör ner tomater, aubergine, reserverad fond, kikärter och fond och låt koka upp. Sätt in grytan i ugnen och tillaga utan lock i 45-60 minuter. Blanda två gånger.

Ta bort lagerbladen. Rör ner de återstående 2 msk. oregano och smaka av med salt och peppar. Att tjäna.

Näring (per 100 g): 642 kalorier 17,3 g fett 93,8 g kolhydrater 29,3 g protein 983 mg natrium

Grekiskt ris med citron

Förberedelsetid: 20 minuter

TILLAGNINGSTID: 45 minuter

Portioner: 6

Svårighetsgrad: medel

Ingredienser:

- Långkornigt ris - 2 koppar, okokt (blötlagt i kallt vatten i 20 minuter, sedan dränerat)
- Extra virgin olivolja - 3 matskedar.
- Gul lök - 1 medium, hackad
- Vitlök - 1 kryddnejlika, hackad
- Kornpasta - ½ kopp
- Saften av 2 citroner, plus skalet av 1 citron
- Låg natriumbuljong - 2 koppar
- En nypa salt
- Hackad persilja - 1 stor näve
- Dill ogräs - 1 tsk.

Indikationer:

Värm 3 msk i en kastrull. extra virgin olivolja. Tillsätt löken och fräs i 3-4 minuter. Tillsätt kornpastan och vitlöken och rör om.

Tillsätt sedan riset för att täcka. Tillsätt fonden och citronsaften. Koka upp och sänk värmen. Täck över och koka i cirka 20 minuter.

Avlägsna från värme. Täck över och ställ åt sidan i 10 minuter. Avtäck och tillsätt citronskal, dill och persilja. Att tjäna.

Näring (per 100 g): 145 kalorier 6,9 g fett 18,3 g kolhydrater 3,3 g protein 893 mg natrium

Ris med aromatiska örter

Förberedelsetid: 10 minuter

TILLAGNINGSTID: 30 minuter

Portioner: 4

Svårighetsgrad: lätt

Ingredienser:

- Extra virgin olivolja - ½ kopp, delad
- Stora vitlöksklyftor - 5, hackade
- Brunt jasminris - 2 koppar
- Vatten - 4 glas
- Havssalt - 1 sked.
- Svartpeppar - 1 tsk.
- Hackad färsk gräslök - 3 matskedar.
- Hackad färsk persilja - 2 matskedar.
- Hackad färsk basilika - 1 matsked.

Indikationer:

Tillsätt ¼ kopp olivolja, vitlök och ris i en kastrull. Rör om och värm på medelvärme. Rör ner vattnet, havssalt och svartpeppar. Blanda sedan igen.

Koka upp och sänk värmen. Sjud utan lock, rör om då och då.

När vattnet nästan har absorberats, rör ner den återstående ¼ kopp olivolja, tillsammans med basilika, persilja och gräslök.

Rör om tills örterna är intagna och allt vatten absorberats.

Näring (per 100 g):304 kalorier 25,8 g fett 19,3 g kolhydrater 2 g protein 874 mg natrium

Medelhavsrissallad

Förberedelsetid: 10 minuter

TILLAGNINGSTID: 25 minuter

Portioner: 4

Svårighetsgrad: medel

Ingredienser:

- Extra virgin olivolja - ½ kopp, delad
- Långkornigt brunt ris - 1 kopp
- Vatten - 2 glas
- Färsk citronsaft - ¼ kopp
- Vitlöksklyfta - 1, hackad
- Färsk hackad rosmarin - 1 tsk.
- Hackad färsk mynta - 1 tsk.
- Belgisk endive - 3, hackad
- Röd paprika - 1 medium, hackad
- Växthusgurka - 1, hackad
- Hel hackad grön lök - ½ kopp
- Kalamata oliver, hackade - ½ kopp
- Rödpepparflingor - ¼ tsk.
- Smulad fetaost - ¾ kopp
- Havssalt och svartpeppar

Indikationer:

Värm ¼ kopp olivolja, ris och en nypa salt i en kastrull på låg värme. Rör om för att täcka riset. Tillsätt vattnet och låt det koka tills vattnet absorberats. Rör om då och då. Häll riset i en stor skål och låt det svalna.

I en annan skål, blanda återstående ¼ kopp olivolja, rödpepparflingor, oliver, salladslök, gurka, paprika, endive, mynta, rosmarin, vitlök och citronsaft.

Lägg riset i blandningen och rör om för att kombinera. Rör försiktigt ner fetaosten.

Smaka av och justera krydda. Att tjäna.

Näring (per 100 g): 415 kalorier 34 g fett 28,3 g kolhydrater 7 g protein 4755 mg natrium

Sallad med bönor och färsk tonfisk

Förberedelsetid: 5 minuter

TILLAGNINGSTID: 20 minuter

Portioner: 6

Svårighetsgrad: lätt

Ingredienser:

- Färska bönor (i skalet) - 2 koppar
- Lagerblad - 2
- Extra virgin olivolja - 3 matskedar.
- Rödvinsvinäger - 1 matsked.
- Salt och svartpeppar
- Tonfisk av bästa kvalitet - 1 burk (6 oz), packad i olivolja
- Saltad kapris - 1 matsked. blötlagd och torkad
- Finhackad persilja - 2 matskedar.
- Rödlök - 1, skär i skivor

Indikationer:

Koka upp vatten med lite salt i en kastrull. Tillsätt bönor och lagerblad; Koka sedan i 15-20 minuter eller tills bönorna är mjuka men fortfarande fasta. Häll av, ta bort aromaterna och lägg över i en skål.

Smaksätt genast bönorna med vinäger och olja. Tillsätt salt och svartpeppar. Blanda väl och justera kryddorna. Häll av tonfisken och tillsätt tonfiskmassan i bönsalladen. Tillsätt persiljan och kaprisen. Rör om och strö rödlökskivorna ovanpå. Att tjäna.

Näring (per 100 g): 85 kalorier 7,1 g fett 4,7 g kolhydrater 1,8 g protein 863 mg natrium

Läcker kycklingpasta

Förberedelsetid: 10 minuter

TILLAGNINGSTID: 17 minuter

Portioner: 4

Svårighetsgrad: lätt

Ingredienser:

- 3 kycklingbröst, utan skinn, utan ben, skurna i bitar
- 300 g fullkornspasta
- 1/2 kopp oliver, skivade
- 1/2 dl soltorkade tomater
- 1 msk rostad röd paprika, hackad
- 14 oz burk tomater, tärnade
- 2 dl marinarasås
- 1 dl kycklingbuljong
- peppar
- salt

Indikationer:

Tillsätt alla ingredienser utom fullkornspasta i Instant Pot.

Stäng locket och koka på hög värme i 12 minuter.

När det är klart, låt trycket lätta naturligt. Ta bort locket.

Tillsätt pastan och blanda väl. Stäng spisen igen och välj manuell och ställ in timern på 5 minuter.

När du är klar släpper du trycket i 5 minuter och släpper sedan resten med snabbkopplingen. Ta bort locket. Blanda väl och servera.

Näring (per 100 g): 615 kalorier 15,4 g fett 71 g kolhydrater 48 g protein 631 mg natrium

Medelhavstacos

Förberedelsetid: 10 minuter

TILLAGNINGSTID: 14 minuter

Portioner: 8

Svårighetsgrad: medel

Ingredienser:

- 1 pund nötfärs
- 8 uns cheddarost, strimlad
- 14 uns kan röda bönor
- 2 uns tacokrydda
- 16 uns sås
- 2 glas vatten
- 2 koppar brunt ris
- peppar
- salt

Indikationer:

Ställ in Instant Pot till wokningsläge.

Lägg köttet i grytan och stek tills det är gyllenbrunt.

Tillsätt vattnet, bönorna, riset, tacokryddan, peppar och salt och blanda väl.

Ringla över såsen. Stäng locket och koka på hög värme i 14 minuter.

När du är klar släpper du trycket med snabbkopplingen. Ta bort locket.

Rör ner cheddarosten och rör tills osten smält.

Servera och njut.

Näring (per 100 g): 464 kalorier 15,3 g fett 48,9 g kolhydrater 32,2 g protein 612 mg natrium

Läcker mac och ost

Förberedelsetid: 10 minuter

TILLAGNINGSTID: 10 minuter

Portioner: 6

Svårighetsgrad: lätt

Ingredienser:

- 500 g fullkornspasta
- 4 glas vatten
- 1 kopp tärnade tomater
- 1 tsk finhackad vitlök
- 2 matskedar olivolja
- 1/4 kopp salladslök, hackad
- 1/2 dl riven parmesan
- 1/2 kopp strimlad mozzarella
- 1 dl cheddarost, riven
- 1/4 kopp puré
- 1 kopp osötad mandelmjölk
- 1 dl marinerade kronärtskockor, tärnade
- 1/2 dl soltorkade tomater, skivade
- 1/2 kopp oliver, skivade
- 1 tesked salt

Indikationer:

Tillsätt pastan, vattnet, tomaterna, vitlöken, oljan och saltet i Instant Pot och blanda väl. Täck locket och koka på hög värme.

När du är klar, släpp trycket i några minuter och släpp sedan skräpet med hjälp av snabbavloppet. Ta bort locket.

Sätt grytan i kokande läge. Tillsätt salladslök, parmesan, mozzarella, cheddarost, passata, mandelmjölk, kronärtskockor, soltorkade tomater och oliver. Blanda väl.

Blanda väl och koka tills osten smält.

Servera och njut.

Näring (per 100 g): 519 kalorier 17,1 g fett 66,5 g kolhydrater 25 g protein 588 mg natrium

Ris med gurka oliver

Förberedelsetid: 10 minuter

TILLAGNINGSTID: 10 minuter

Portioner: 8

Svårighetsgrad: medel

Ingredienser:

- 2 dl ris, sköljt
- 1/2 kopp urkärnade oliver
- 1 dl gurka, skivad
- 1 matsked rödvinsvinäger
- 1 tsk rivet citronskal
- 1 matsked färsk citronsaft
- 2 matskedar olivolja
- 2 koppar grönsakssoppa
- 1/2 tsk torkad oregano
- 1 röd paprika, hackad
- 1/2 kopp lök, hackad
- 1 matsked olivolja
- peppar
- salt

Indikationer:

Tillsätt olja i innergrytan i Instant Pot och välj grytan för fritering. Tillsätt löken och fräs i 3 minuter. Tillsätt peppar och oregano och fräs i 1 minut.

Tillsätt ris och fond och blanda väl. Stäng locket och koka på hög värme i 6 minuter. När du är klar, låt trycket släppa i 10 minuter och släpp sedan resten med snabbkopplingen. Ta bort locket.

Tillsätt övriga ingredienser och blanda väl. Servera genast och njut.

Näring (per 100 g): 229 kalorier 5,1 g fett 40,2 g kolhydrater 4,9 g protein 210 mg natrium

Risotto med aromatiska örter

Förberedelsetid: 10 minuter

TILLAGNINGSTID: 15 minuter

Portioner: 4

Svårighetsgrad: medel

Ingredienser:

- 2 koppar ris
- 2 matskedar riven parmesanost
- 100 g grädde
- 1 msk färsk oregano, hackad
- 1 msk färsk basilika, hackad
- 1/2 tsk salvia, hackad
- 1 lök, hackad
- 2 matskedar olivolja
- 1 tsk vitlök, hackad
- 4 koppar grönsakssoppa
- peppar
- salt

Indikationer:

Tillsätt oljan i innergrytan i Instant Pot och klicka på pannan i stekläge. Tillsätt vitlöken och löken i den inre pannan i Instant Pot och tryck på grytan till stekläge. Tillsätt vitlök och lök och fräs i 2-3 minuter.

Tillsätt övriga ingredienser utom parmesan och grädde och blanda väl. Stäng locket och koka på hög värme i 12 minuter.

När du är klar, släpp trycket i 10 minuter och släpp sedan de återstående med snabbkopplingen. Ta bort locket. Rör ner grädde och ost och servera.

Näring (per 100 g): 514 kalorier 17,6 g fett 79,4 g kolhydrater 8,8 g protein 488 mg natrium

Läcker Primavera pasta

Förberedelsetid: 10 minuter

TILLAGNINGSTID: 4 minuter

Portioner: 4

Svårighetsgrad: lätt

Ingredienser:

- 250 g fullkornsmjöl
- 1 matsked färsk citronsaft
- 2 matskedar hackad färsk persilja
- 1/4 kopp strimlad mandel
- 1/4 kopp riven parmesan
- 14 oz burk tomater, tärnade
- 1/2 kopp katrinplommon
- 1/2 kopp zucchini, hackad
- 1/2 kopp sparris
- 1/2 kopp morötter, hackade
- 1/2 kopp broccoli, hackad
- 1 3/4 dl grönsaksbuljong
- peppar
- salt

Indikationer:

Tillsätt buljongen, parzino, tomater, plommon, squash, sparris, morötter och broccoli i Instant Pot och blanda väl. Täck över och koka på hög värme i 4 minuter. När du är klar släpper du trycket med snabbkopplingen. Ta bort locket. Blanda de övriga ingredienserna väl och servera.

Näring (per 100 g): 303 kalorier 2,6 g fett 63,5 g kolhydrater 12,8 g protein 918 mg natrium

Pasta med rostad paprika

Förberedelsetid: 10 minuter

TILLAGNINGSTID: 13 minuter

Portioner: 6

Svårighetsgrad: medel

Ingredienser:

- 1 pund fullkorns penne pasta
- 1 msk italiensk dressing
- 4 koppar grönsakssoppa
- 1 msk vitlök, hackad
- 1/2 lök, hackad
- Burk rostad röd paprika 14 oz
- 1 dl fetaost, smulad
- 1 matsked olivolja
- peppar
- salt

Indikationer:

Tillsätt den rostade paprikan i mixern och mixa tills den är slät. Tillsätt olja i innergrytan i Instant Pot och ställ grytan i friteringsläge. Tillsätt vitlöken och löken i den inre koppen av Instant Pot och stek. Tillsätt vitlök och lök och fräs i 2-3 minuter.

Tillsätt den rostade paprikan i purén och fräs i 2 minuter.

Tillsätt övriga ingredienser utom fetaost och blanda väl. Stäng tätt och koka på hög värme i 8 minuter. När du är klar, släpp trycket naturligt i 5 minuter och släpp sedan resten med snabbkopplingen. Ta bort locket. Strö över fetaost och servera.

Näring (per 100 g): 459 kalorier 10,6 g fett 68,1 g kolhydrater 21,3 g protein 724 mg natrium

Tomatris med ostbasilika

Förberedelsetid: 10 minuter

TILLAGNINGSTID: 26 minuter

Portioner: 8

Svårighetsgrad: medel

Ingredienser:

- 1 1/2 dl brunt ris
- 1 dl riven parmesanost
- 1/4 kopp färsk basilika, hackad
- 2 dl körsbärstomater, halverade
- 250 g tomatsås
- 1 3/4 dl grönsaksbuljong
- 1 msk vitlök, hackad
- 1/2 kopp lök, tärnad
- 1 matsked olivolja
- peppar
- salt

Indikationer:

Tillsätt olja i den inre skålen i Instant Pot och vänd kastrullen över fritösen. Lägg vitlöken och löken i den inre skålen i Instant Pot och lägg i pannan. Blanda vitlök och lök och fräs i 4 minuter. Tillsätt ris, tomatsås, fond, peppar och salt och blanda väl.

Täck över och koka på hög värme i 22 minuter.

När det är klart, låt det släppa trycket i 10 minuter och släpp sedan ut resterna med snabbkopplingen. Ta bort locket. Blanda i resterande ingredienser och blanda. Servera och njut.

Näring (per 100 g): 208 kalorier 5,6 g fett 32,1 g kolhydrater 8,3 g protein 863 mg natrium

Pasta med tonfisk

Förberedelsetid: 10 minuter

TILLAGNINGSTID: 8 minuter

Portioner: 6

Svårighetsgrad: medel

Ingredienser:

- 10 oz avrunnen tonfisk
- 15 uns fullkornspasta
- 100 g mozzarella skuren i tärningar
- 1/2 dl riven parmesan
- 1 tsk torkad basilika
- 14 oz burk tomater
- 4 koppar grönsakssoppa
- 1 msk vitlök, hackad
- 8 uns svamp, skivad
- 2 zucchini, skivade
- 1 lök, hackad
- 2 matskedar olivolja
- peppar
- salt

Indikationer:

Häll oljan i innergrytan av Instant Pot och tryck pannan över sauten. Tillsätt svamp, svamp och lök och fräs tills löken är mjuk. Tillsätt vitlöken och fräs en minut.

Tillsätt pasta, basilika, tonfisk, tomater och fond och blanda väl. Täck över och koka på hög värme i 4 minuter. När du är klar släpper du trycket i 5 minuter och släpper sedan resten med snabbkopplingen. Ta bort locket. Tillsätt övriga ingredienser och blanda väl och servera.

Näring (per 100 g): 346 kalorier 11,9 g fett 31,3 g kolhydrater 6,3 g protein 830 mg natrium

Blandade smörgåsar med avokado och kalkon

Förberedelsetid: 5 minuter
TILLAGNINGSTID: 8 minuter
Tjänster: 2
Svårighetsgrad: lätt

Ingredienser:

- 2 röda paprikor rostade och skurna i strimlor
- 1/4 pund rökt kalkonbröst med kufka, tunt skivad
- 1 dl färska spenatblad, hela, delade
- 2 skivor provolone
- 1 msk olivolja delad
- 2 ciabattarullar
- ¼ kopp majonnäs
- ½ mogen avokado

Indikationer:

Riv majonnäsen och avokadon fint i en skål. Värm sedan upp Panini-pressen.

Skär smörgåsarna på mitten och fördela olivoljan inuti brödet. Sedan fyller vi med fyllningen genom att lägga dem för hand: provolone, kalkonbröst, rostad paprika, spenatblad och bred ut avokadoblandningen och täck med den andra brödskivan.

Lägg smörgåsen i paninipressen och grilla i 5-8 minuter tills osten smält och brödet är knaprigt och skrynkligt.

Näring (per 100 g): 546 kalorier 34,8 g fett 31,9 g kolhydrater 27,8 g protein 582 mg natrium

Kyckling med gurka och mango

Förberedelsetid: 5 minuter

TILLAGNINGSTID: 20 minuter

Tjänster: 1

Svårighetsgrad: svårt

Ingredienser:

- ½ medelstor gurka skuren på längden
- ½ mogen mango
- 1 msk valfri salladsdressing
- 1 fullkornstortilla
- 1 tum tjocka kycklingbröstskivor ca 6 tum långa
- 2 msk olja för stekning
- 2 matskedar fullkornsmjöl
- 2-4 salladsblad
- Salta och peppra efter smak

Indikationer:

Skär kycklingbröst i 1-tums remsor och koka endast 6-tums remsor totalt. Det skulle vara som två kycklingremsor. Spara den återstående kycklingen för framtida bruk.

Krydda kycklingen med peppar och salt. Sikta i fullkornsmjöl.

Sätt en liten non-stick panna på medelvärme och värm oljan. När oljan är varm, tillsätt kycklingstrimlorna och stek tills de är gyllenbruna i cirka 5 minuter på varje sida.

Medan kycklingen tillagas, ställ in tortillarullarna i ugnen och tillaga i 3-5 minuter. Ställ sedan åt sidan och överför till en tallrik.

Skär gurkan på längden, använd endast ½ och behåll resten av gurkan. Skala den kvartade gurkan och ta bort kärnhuset. Lägg de två gurkskivorna på tortillan, 1 tum från kanten.

Skär mangon i skivor och spara den andra hälften med fröna. Skala den kärnfria mangon, skär i strimlor och lägg ovanpå gurkan på tortillan.

När kycklingen är tillagad ställer du kycklingen bredvid gurkan i kön.

Lägg i gurkbladet, strö över valfri salladsdressing.

Rulla tortillan, servera och njut.

Näring (per 100 g): 434 kalorier 10 g fett 65 g kolhydrater 21 g protein 691 mg natrium

Fattoush - bröd från Mellanöstern

Förberedelsetid: 10 minuter

TILLAGNINGSTID: 15 minuter

Portioner: 6

Svårighetsgrad: svårt

Ingredienser:

- 2 bitar pitabröd
- 1 msk extra virgin olivolja
- 1/2 tsk sumak, mer till senare
- Salt och peppar
- 1 hjärta av romansallat
- 1 engelsk gurka
- 5 romska tomater
- 5 salladslökar
- 5 rädisor
- 2 dl hackad färsk bladpersilja
- 1 dl hackade färska myntablad
- <u>Ingredienser till kryddor:</u>
- 1 1/2 limefrukt, saft från
- 1/3 kopp extra virgin olivolja
- Salt och peppar
- 1 tsk mald sumak
- 1/4 tsk mald kanel
- 1/4 tsk hackad gräslök

Indikationer:

Rosta i brödrosten i 5 minuter. Och skär sedan pitabrödet i bitar.

I en stor stekpanna på medelvärme, värm 3 msk olivolja i 3 minuter. Tillsätt pitabrödet och stek tills de är gyllenbruna, cirka 4 minuter, under omrörning.

Tillsätt salt, peppar och 1/2 tsk sumak. Ta av chipsen från värmen och lägg dem på absorberande papper för att rinna av.

I en stor salladsskål, blanda ihop den strimlade sallad, gurka, tomater, salladslök, skivad rädisa, myntablad och persilja.

För att göra limevinägretten, vispa ihop alla ingredienser i en liten skål.

Blanda dressingen över salladen och blanda väl. Tillsätt pitabrödet.

Servera och njut.

Näring (per 100 g): 192 kalorier 13,8 g fett 16,1 g kolhydrater 3,9 g protein 655 mg natrium

Glutenfri vitlök och tomat focaccia

Förberedelsetid: 5 minuter

TILLAGNINGSTID: 20 minuter

Portioner: 8

Svårighetsgrad: svårt

Ingredienser:

- 1 ägg
- ½ tsk citronsaft
- 1 matsked honung
- 4 matskedar olivolja
- En nypa socker
- 1 ¼ koppar varmt vatten
- 1 msk aktiv torrjäst
- 2 tsk hackad rosmarin
- 2 tsk finhackad timjan
- 2 tsk hackad basilika
- 2 vitlöksklyftor, hackade
- 1 ¼ tsk havssalt
- 2 tsk xantangummi
- ½ kopp hirsmjöl
- 1 dl potatisstärkelse, inte mjöl
- 1 kopp sorghummjöl
- Glutenfritt majsmjöl att strö över

Indikationer:

Slå på ugnen i 5 minuter och stäng sedan av den med ugnsluckan stängd.

Blanda varmt vatten och lite socker. Tillsätt jästen och blanda försiktigt. Låt stå i 7 minuter.

I en stor skål, vispa ihop örter, vitlök, salt, xantangummi, stärkelse och mjöl. Efter att jästen fått jäsa, häll mjölet i skålen. Vispa ägg, citronsaft, honung och olivolja.

Blanda väl och lägg i en väl smord fyrkantig form beströdd med majsmjöl. Toppa med färsk vitlök, andra örter och skivade tomater. Vi lägger den i en varm ugn och låter den gräddas i en halvtimme.

Vi sätter på ugnen vid en temperatur på 375oF och värmer den sedan i 20 minuter. Focaccian är tillagad när topparna är något gyllene. Ta ut ur ugnen och bryn omedelbart och låt svalna. Den ska serveras varm.

Näring (per 100 g): 251 kalorier 9 g fett 38,4 g kolhydrater 5,4 g protein 366 mg natrium

Grillad svampburgare

Förberedelsetid: 15 minuter

TILLAGNINGSTID: 10 minuter

Portioner: 4

Svårighetsgrad: medel

Ingredienser:

- 2 bibb-sallad, halverad
- 4 skivor rödlök
- 4 skivor tomat
- 4 inbyggda rullar, rostade
- 2 matskedar olivolja
- ¼ tesked cayennepeppar, efter önskemål
- 1 vitlöksklyfta, hackad
- 1 matsked socker
- ½ kopp vatten
- 1/3 kopp balsamvinäger
- 4 stora Portobello svampmössor, ca 5 tum i diameter

Indikationer:

Ta bort stjälkarna från svampen och rengör dem med en fuktig trasa. Lägg över till en ugnsform med gälarna ovanpå.

Blanda olivolja, cayennepeppar, vitlök, socker, vatten och vinäger i en skål. Häll över svampen och marinera svampen i kylen i minst en timme.

När timmen är slut, förvärm grillen till medelhög värme och smörj grillen.

Grilla svampen i fem minuter på varje sida eller tills de är mjuka. Belägg svampen med marinad så att den inte torkar ut.

För att montera, lägg ½ smörgås på en tallrik, garnera med en skiva lök, svamp, tomat och ett salladsblad. Täck med den andra övre halvan av smörgåsen. Upprepa processen med resterande ingredienser, servera och njut.

Näring (per 100 g): 244 kalorier 9,3 g fett 32 g kolhydrater 8,1 g protein 693 mg natrium

Medelhavet Baba Ghanoush

Förberedelsetid: 10 minuter

TILLAGNINGSTID: 25 minuter

Portioner: 4

Svårighetsgrad: medel

Ingredienser:

- 1 vitlöksklump
- 1 röd paprika, halverad och skär
- 1 msk hackad färsk basilika
- 1 matsked olivolja
- 1 tsk svartpeppar
- 2 auberginer, skivade på längden
- 2 omgångar focaccia eller pitabröd
- Saften av 1 citron

Indikationer:

Klä grillen med matlagningsspray och förvärm grillen till medelhög värme.

Skär bort topparna på vitlökslöken och linda in i aluminiumfolie. Lägg i den svalaste delen av grillen och grädda i minst 20 minuter. Lägg paprika- och aubergineskivorna på den hetaste delen av grillen. Mesh på båda sidor.

När lökarna är klara, skala skalet på den rostade vitlöken och placera den skalade vitlöken i matberedaren. Tillsätt olivolja, peppar, basilika, citronsaft, grillad röd paprika och grillad aubergine. Blanda och häll upp i en skål.

Grilla brödet i minst 30 sekunder per sida för att värma upp det igen. Servera brödet med moset och njut.

Näring (per 100 g): 231,6 kalorier 4,8 g fett 36,3 g kolhydrater 6,3 g protein 593 mg natrium

www.ingramcontent.com/pod-product-compliance
Lightning Source LLC
Chambersburg PA
CBHW071429080526
44587CB00014B/1781